ENTRADAS

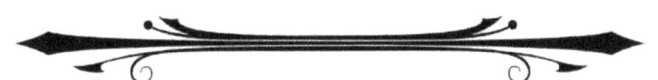

MEXICAN DOORWAYS

PAINTINGS BY

MICHAEL P. EARNEY

ISBN-13: 978-1-956581-15-7

Spanish Translation by Jonathan Cole

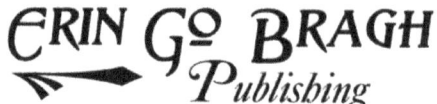

Publishing
Canyon Lake, TX
www.ErinGoBraghPublishing.com

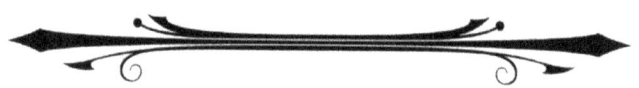

ACKNOWLEDGEMENTS

Thanks to the North Family.

A special thank you to Kathleen J. Shields for her tireless work bringing the book to completion.

And a special thank you to Jonathan Cole for his excellent translation of the text.

DEDICATION

Dedicated to the memory of Trudi Blom,

July 1901 – December 1993

Cover - Calle Tapachula #41 24"x35"

Calle Tapachula led to, and ended at the front of Na Bolom* consequently, it was the road I walked on the most. One day, when heading back for lunch, I could hear the garbage wagon coming up behind me ringing its little bell to let the people know to put their trash out or, to leave their gate open so that a garbage man could go inside to collect it. One of the doors on the entrance to number 41 was open, seeing that as an opportunity to get a picture, I ran to my room, grabbed the camera, and went back, the door was already closed. I thought the owner might still be out in the yard so, I knocked on the door. A young woman came to the door and as I struggled to find the words in Spanish to explain myself, she asked me, in English, what I wanted. I explained and got a picture.

*A map of San Cristóbal shows Na Bolom on the corner of C. Vicente Guerrero and Comitan, one block from C. Tapachula, with Tapachula not stopping at Vicente Guerrero. I only know what I remember.

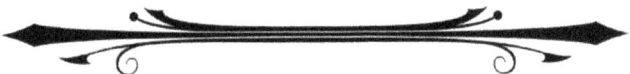

La calle Tapachula llevaba a la terminación del frente de Na Bolom*, por lo que era la vía por la que más caminaba. Un día, cuando volvía a la hora del almuerzo, escuché que el camión recogedor de basura se acercaba detrás de mí haciendo sonar su campanilla para avisar a la gente de que sacaran la basura o que dejara la puerta abierta para que un recolector de basura pudiera entrar a recogerla. Una de las puertas de la entrada del número 41 estaba abierta. Decidí aprovechar esta oportunidad para sacar una foto, y corrí a mi habitación, agarré la cámara y volví, pero vi que la puerta ya estaba cerrada. Pensé que el propietario podría estar todavía en el patio, así que toqué la puerta. Una mujer joven se acercó a la puerta y mientras me esforzaba por encontrar las palabras en español para explicarme, me preguntó, en inglés, qué era lo que deseaba. Le expliqué a ella y me dejó sacar la foto.

*Un mapa de San Cristóbal muestra a Na Bolom en la esquina de la C. Vicente Guerrero y Comitán, a una cuadra de la C. Tapachula, sin que Tapachula topara con Vicente Guerrero. Pues, en fin, así me lo recuerdo.

All of the paintings in this collection are acrylic on Masonite.
Todos los cuadros de esta colección son acrílicos sobre *masonite* (macosel).

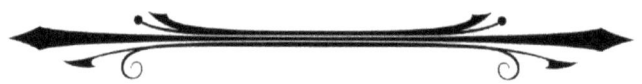

This series of paintings represent a brief but significant chapter in my life. In 1992 I spent three months in the city of San Cristóbal de las Casas in Chiapas, Mexico. Now known to the world for the recent and ongoing Zapatista uprising. But, when I was there, even though the seeds of revolution were abundantly clear: to such a degree, in fact, one wondered why the poor did not revolt, San Cristóbal remained a quiet, conservative, charming town where the sidewalks are rolled up around 9.30 pm. every night.

While San Cristóbal is a popular tourist destination, its remoteness and difficulty of access has held progress in check- at least in the old town area. Suburbs of ugly cheap housing have begun to cover the best arable land. The Indian population retreats further into the surrounding mountains, deforesting as they go in order to raise a crop of corn to feed themselves and sell firewood to the rich Americans living in the large cold homes in town.

I arrived in San Cristóbal in February expecting the sultry heat of coastal Chiapas that I remembered from a visit to the Mayan ruins at Palenque, years before. However, there is a matter of several thousand meters of altitude, and a frost killed off the early Jacaranda blossoms during my first week there.

I found it hard to get to work. Aside from a series of flora and fauna I did for the local PRONATURA nature preserve, I did very little other painting. I walked the streets of San Cristóbal and became familiar with the town, I started photographing the great portals and neglected doorways that punctuated the massive stone walls. The doors, weathered and aged, as most are, have an aesthetic appeal that is immediately apparent. As paintings, they become abstractions of color, proportion, line, and texture which the effects of nature and the elements have created. But, there is always another element that every doorway everywhere holds. Besides its concrete function, the door embodies all the symbolic and metaphoric meanings that accrue to the word, striking a deep chord in the human psyche. It is a contradiction of opposites. Closed, the door confines and at the same time excludes. Open, it invites and releases. At once a barrier and an entry.

It is appropriate that the various gods associated with doors were two-faced, looking in opposite directions. Above all, there is a mystery, a fascination with doorways- especially those we encounter in unknown places. What, we wonder, is hidden there? Though the stories of those within may be ordinary and commonplace as the people themselves, our minds conjure fanciful and exotic gardens peopled by beautiful and exciting beings. If we could but gain access our lives would be forever changed! And it is surely true, but, behind which door does this paradise lie?

Written for the first exhibition of my paintings
at the Instituto Cultural Mexicano, San Antonio, Tx. 1995.

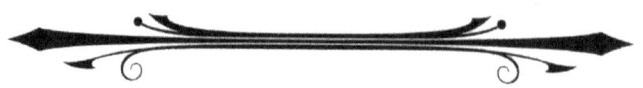

Esta serie de cuadros representa un breve pero importante capítulo de mi vida. En 1992 pasé tres meses en la ciudad de San Cristóbal de las Casas, en Chiapas, México. Hoy en día este lugar se conoce en todo el mundo por el reciente y actual levantamiento Zapatista. Pero, durante el tiempo que estuve allá, a pesar de que eran muy claras las semillas de la revolución, hasta tal punto que uno se preguntaba por qué los pobres no se rebelaban, San Cristóbal seguía siendo un pueblo tranquilo, conservador y encantador, en el que las actividades en las calles cesaban alrededor de las 9:30 todas las noches.

Aunque San Cristóbal es un popular destino turístico, su aislamiento y la dificultad de acceso han frenado el progreso, al menos en la zona del centro histórico. Las mejores tierras cultivables se han ido convirtiendo en suburbios de viviendas feas y baratas. La población indígena se retira cada vez más a las montañas que rodean a San Cristóbal, deforestando a medida que avanzan para cultivar maíz para la producción de alimentos y para vender leña a los estadounidenses ricos que viven en las grandes y frías casas del centro de la ciudad.

Llegué a San Cristóbal en febrero previendo enfrentar el calor sofocante de la costa de Chiapas que me recordaba cuando hice una visita a las ruinas mayas de Palenque años atrás. Pero debido a una diferencia de varios miles de metros de altitud, durante mi primera semana llegó allí un frente frío que acabó con las primeras flores jacarandás.

Me costó empezar a trabajar. Aparte de una serie de cuadros de flora y fauna que realicé para la reserva natural local de PRONATURA, pinté muy pocas otras obras. Recorrí las calles de San Cristóbal y me familiaricé con la ciudad. Empecé a sacar fotos de los grandes portales y de las descuidadas puertas que marcaban los enormes muros de piedra. La mayoría de las puertas eran desgastadas y envejecidas, lo cual, les confiere un atractivo estético que inmediatamente salta a la vista. Como cuadros, se convierten en abstracciones de color, proporción, línea y textura que son los resultados de los efectos de la naturaleza y el clima.

Pero, siempre había otro elemento que en todas las puertas y en todas las partes representaban. Además de su función concreta, la puerta engloba todos los significados simbólicos y metafóricos que contiene la palabra "puerta", tocando una fibra profunda en la psique humana. Es una contradicción de significados opuestos. Cuando está cerrada, la puerta encierra lo que está adentro y al mismo tiempo excluye. Una puerta abierta es una invitación, una liberación. Es a la vez una barrera y una entrada. También, tiene sentido que los distintos dioses asociados a las puertas tuvieran dos caras, y el que miraran en direcciones opuestas. Ante todo, las puertas crean un misterio y una fascinación, especialmente las que encontramos en lugares desconocidos. Nos preguntamos, ¿qué se esconde detrás de allí? Aunque las historias de las personas que están adentro probablemente son tan ordinarias y comunes como las mismas personas, nuestras mentes imaginan jardines fantasiosos y exóticos poblados por seres hermosos y emocionantes. Si pudiéramos entrar en ese espacio, nuestras vidas cambiarían para siempre. A lo mejor puede ser cierto, pero ¿tras qué puerta se encuentra este paraíso?

Este texto fue escrito para la primera exhibición de mis cuadros
en el Instituto Cultural Mexicano en San Antonio, Texas en 1995.

INTRODUCTION

In 1991 I was living on a ranch in the Texas hill country outside of Blanco, some 50 miles west of the capital, Austin. I was told about an Artist in Residence program in Chiapas, Mx. and I applied for it.

Upon acceptance, I packed up my car and hit the road, this was in February of 1992. Chiapas is the southernmost state on the West coast of Mexico and at some point, I decided I should cross over the Sierra Madres, where that point was, I don't remember but, I went through Juchitán and on to the State Capital, Tuxtla Gutiérrez. A little outside of Tuxtla, I could see in the distance, the densely wooded escarpment with the road zigzagging its way up and tiny vehicles moving along it. At the top, the road would take me to my destination, San Cristóbal de las Casas. About halfway up, my engine overheated and I had to pull over to the side of the road. It soon cooled down enough for me to continue to the top where I stopped, there were no buildings where I might get some water for the radiator but, there was a "Green Angel" parked by the side of the road. The Mexican Tourism ministry operates a fleet of at least 275 green trucks that patrol the highways every day to assist motorists in distress. These Angeles Verdes, Green Angels, are bilingual and offer, among other things, mechanical and medicinal assistance, for free! Since I had lifted the hood on my car, the driver came over and told me that he had had the same vehicle at one time. Unfortunately, he didn't have any water but, he said it was mostly downhill from there so I shouldn't have any problem. After a while I carried on my way. Since that time, I have always carried a gallon of water in the trunk of my car. It never happened again with that car, many years later and several cars later, I have never had the same problem. In 1848, Ciudad de San Cristóbal at that time the capital of Chiapas, was renamed, San Cristóbal de las Casas in honor of Bartolomé de las Casas. Las Casas was a 16th-century Priest and missionary who became an outspoken critic of Spanish colonialism. In his younger days, he had been part of the problem, having had slaves, participated in military expeditions, and having owned land. When he saw the light, he began a 60yr. fight for the rights of Native Americans, he was the first Bishop of Chiapas but the Spanish settlers ran him off after he refused them confession until their slaves were released. He was a thorn in the side of both settlers and the church, he died in Madrid, Spain, at age 81. A move to make him a saint is underway but, such things take a while. I knew nothing of this when I arrived in San Cristóbal, I was looking for Na Bolom, where I was to be Artist in Residence.

Frans Blom was born in Copenhagen, Denmark in 1893, the son of a wealthy merchant family. The privileged and somewhat, spoiled boy grew up speaking several languages, his parents took him on holiday trips to Germany, France, and Italy. He grew into a tall, handsome, fair-haired, blue-eyed, privileged, spoiled man. In 1919 he sailed to Veracruz, Mexico, and an entirely new life. Times were hard in Mexico, the civil war was still in progress. He fell in with a band of rebels, he wrote articles for magazines in Denmark, and made his way to Mexico City, where he managed to get a job with an oil company; Mexico produced a quarter of the world's oil at that time. He went back south to the oil fields where he became interested in the ancient artifacts found there, this lead to his becoming an archaeologist, known for being one of the first to excavate the Mayan ruins at Palenque, and various other sites throughout Mexico and Central America, although, perhaps better known for having twice missed the possibility of world fame. One; while acting as the caretaker at Palenque, he failed to follow through when he wondered what was the purpose of the holes in the floor slabs of the Temple of Inscriptions. In 1948, archaeologist, Albert Lhuiller pulled up the slabs, it took four more years to clear the rubble from the staircase down to the tomb of Pacal, one of the most spectacular finds in Mayan archaeology. Two: Blom had returned to Chiapas after some years in the USA and a failed marriage, for another expedition, when he was hit by a bout of malaria which kept him from checking out Bonampak, with its pristine wall paintings. It was also the time when he met Gertrude Duby, a Swiss photographer who had been documenting the Lacandon Indians in the Lacandon jungle. Born in 1901 in Switzerland, Gertrude Lörtscher became a devoted socialist at an early age; in 1923 she went to England to celebrate the Labour Party's win, and she went to Italy to protest Mussolini's regime. Deported back to Switzerland, she married Kurt Duby. She went to Germany to protest Hitler and the Nazi Party where she was arrested but managed to flee to France on a false passport. From there she went to Communist Russia, then back to France where she was interned in a prison camp. The Swiss authorities obtained her release and, she made her way to Genoa, Italy, along with other refugees, and caught the last steamer for New York. Mexico had opened its doors to leftist refugees, particularly those fleeing Franco's Spain, so she decided to go there. On her Atlantic crossing she had read a book, "Mexico: Land of Indians" she bought a used box camera to photograph these people and it was on her visit to the Lacandon that she met Frans. Trudi, as she was known, begged Frans to stop drinking, he never did but, they stayed together until the day he died. They participated in an examination of an outbreak of *onchocerciasis,* a disease spread by the larvae of a tiny black fly, causing blindness in those infected. At a small village in southeastern Chiapas where coffee plantation workers lived, they found that nearly everyone was blind. From that experience, they decided to commit themselves to helping the native Peoples of Chiapas. First, however, they had to earn a living, they moved to Mexico City where, despite their low income, they entertained members of Mexico's academia, together with refugees from the World War, actors, artists, scholars, and travelers from all over Europe. Diego Rivera and Frida Kahlo were among the city's celebrities that came to their apartment. Their financial situation had not improved, however, and Trudi returned to Europe where she wrote articles for various publications, she also met Frans' family before returning to Mexico City where she continued writing and exhibiting her photographs, Frans led trips to the jungle. In 1949, Alfred Blom died and an inheritance allowed Frans and Trudi to buy an old house on the outskirts of San Cristóbal. Built in1891, it was intended as a seminary. The owner had died before it was finished. The only room completed was the chapel, a long hall with paintings in the vaulted ceiling. There were a number of other buildings, cell-like rooms, around a central courtyard, they added more rooms and moved in. They named it, "Na Bolom', (House of the Jaguar); the Bloms chose it as a play on the name Blom and because Blom had been known affectionately, in the jungle, as, Pancho Bolom. Na Bolom was set up as a cultural, social, and academic center, it housed Frans' collection of books on the Mayan culture and, Trudi's photographs, it was open to the public. There were guestrooms and the chapel was now the dining room, with a long dining table where breakfast, lunch, and dinner were served. Locals, and guests, which might include Lacandons, visiting from the jungle, in their white, one-piece, traditional tunics. (Curtesy of the Bloms, the Lacandons had free shelter, food and medical care.) Just as in Mexico City, there would often be conversations in at least three languages. In one year, 1956, they had guests from 29 different countries. Work continued on the house and the Bloms were mostly in debt which took a toll on their relationship. They both continued to write and travel to attend conferences and the like. Such occasions allowed Frans to get away from Trudi and drink to his heart's content. He continued to find archaeological sites until his health deteriorated and getting out into the garden was all he could manage. Blom had applied for Mexican citizenship back in the '40s and on June 13th, 1963, it was granted. On June 23rd Blom died. He and Trudi had been together for 20 years.

At Na Bolom I moved into one of those cell-like rooms, off the main patio. The departing A. in R. who was a musician, told me that he had composed a piece of music during his stay but that producing something while there was hoped for, rather than expected. All that really seemed required of me was that I appear at meal times as, "The Artist in Residence". Trudi still presided at meal times always dressed for the occasion, just as she always had, Doña Bety who, as a little girl, Beatriz Mijangos, went to Na Bolom out of curiosity, and never left, still presided over the kitchen. At one meal, I met a couple who ran the San Cristóbal branch of PRONATURA México, they had recently acquired a piece of land where a trail for visitors would be made, throughout the trail they wanted a series of signs indicating what plants or creatures might be seen there. They asked me if I would make drawings that could be displayed on the signs. We visited the location and armed with a list of the more unique plants and critters to be found there, I went to work. I don't know if the signs were ever made but sometime later, I received a book, *Las Aves de los altos de Chiapas* which contained some of my work. I take pleasure in knowing that the Golden-cheeked Warbler found during the Summer in the Texas Hill Country, where I live, Winters in Chiapas as the Chipe Mejillas Doradas. There was no studio at Na Bolom and I was at a loss as to what to occupy myself with, I spent a lot of time walking the streets of the town and was struck by the variety of entrances and doorways, so I started photographing them, not knowing what I might do with the pictures that wouldn't be developed until I returned to Texas. I visited some of the Mayan ruins, including Palenque, one of my favorite places, I have been there several times, and Tonina, one of the lesser-visited Mayan ruins. Friends from Texas visited me for my birthday in March when we went to Agua Azules, a series of falls and pools on a river that descends from the mountains of Chiapas to the Gulf of Mexico. I met many nice people, saw many nice things, and had many nice experiences. Trudi was always nice to me; one night I was awakened by a knock on my door, it was Trudi, she had been unable to sleep so took a walk around the patio and couldn't find the way back to her room, I helped her back, with her assistant who had come out looking for her. The gift shop at Na Bolom, as I recall, had very little to offer, I designed a poster I thought might sell and I designed a tee-shirt sporting a copy of the iconic Na

Bolom Jaguar that I drew, (I had a few dozen printed up back in Texas, they sold out and I was asked to send more, however, the non-profit organization, running Na Bolom, expected me to donate them, just as I had the others but, I, theoretically at least, am not non-profit and I could not afford to donate more and no more were ordered.) The non-profit was not going to try any changes as long as Trudi was in charge, she had kept the place going her way, for 30 years since Frans had died. She died in December 1993 at age 92.

The paintings in this book would not have come about had I not spent those months at Na Bolom. Guests are still welcome there and many more services are offered while the original aims of the Bloms are still honored.

Michael P. Earney 2022

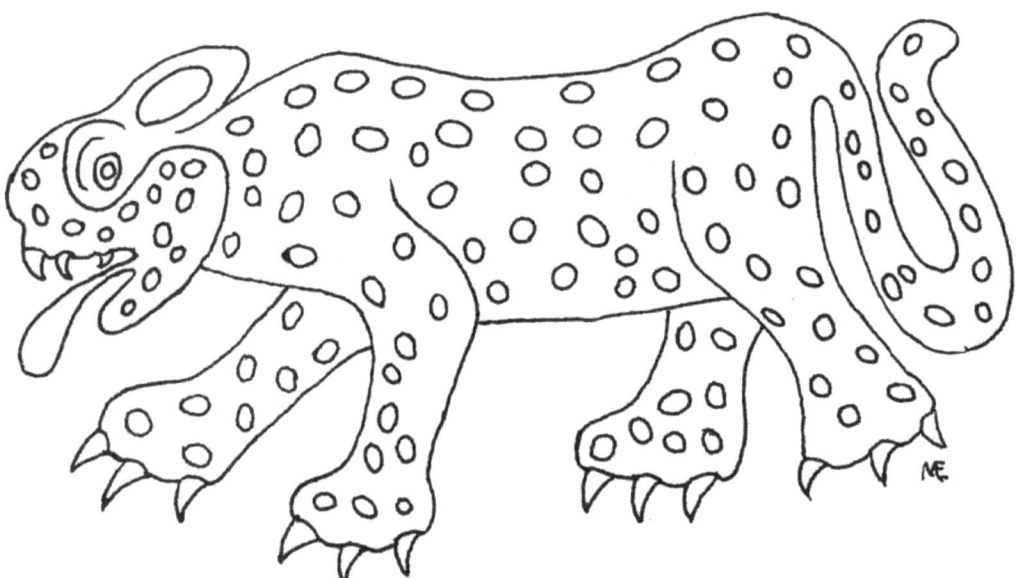

INTRODUCCIÓN

En 1991 estaba viviendo en un rancho en los cerros de la zona central de Texas (conocida como el *Hill Country*), en las afueras de Blanco, a unos 80 kilómetros al oeste de la capital, Austin. Fue cuando me enteré de un programa de Artistas en Residencia en Chiapas, México y presenté mi solicitud.

Al ser aceptado, empaqué mi carro y me puse en camino en febrero de 1992. Chiapas es el estado más meridional de la costa occidental de México y en algún momento decidí que debía cruzar la Sierra Madre. No recuerdo dónde fue ese lugar, pero pasé por Juchitán y seguí hasta la capital del estado, Tuxtla Gutiérrez, en las afueras de Tuxtla, pude ver en la distancia la escarpa muy boscosa y la carretera subiendo en forma de zigzag con pequeños vehículos moviéndose a lo largo de ella. Desde la cima, la carretera me llevaría a mi destino: San Cristóbal de las Casas. Pero a la mitad del camino, el motor se sobrecalentó y tuve que parar al lado de la carretera. Pronto se enfrió lo suficiente como para continuar hasta la cima donde me detuve. No había edificios donde pudiera conseguir agua para el radiador, pero, había un "Ángel Verde" estacionado al lado de la carretera. La Secretaría de Turismo de México contaba con una flota de al menos 275 camiones verdes que patrullan las carreteras cada día para ayudar a los automovilistas que se encuentran en apuros. Estos Ángeles Verdes son bilingües y ofrecen, entre otras cosas, asistencia mecánica y médica, ¡y todo es gratis! Como tenía abierto el cofre de mi carro, el conductor se acercó y me comentó que años atrás él había tenido el mismo tipo de vehículo. Lamentablemente, no disponía de agua, pero me dijo que a partir de ese punto la mayor parte del camino era cuesta abajo, por lo que no debería tener ningún problema. Después de un rato seguí el camino. Desde entonces, siempre he llevado un galón de agua en la cajuela de mi carro. No volví a tener este problema con ese carro, ni con ningún otro carro que tuve durante muchos años después. En 1848, la Ciudad de San Cristóbal, entonces la capital de Chiapas fue renombrada "San Cristóbal de las Casas" en honor a Fray Bartolomé de las Casas. De la Casas fue un sacerdote y misionero del siglo XVI que se convirtió en un crítico franco del colonialismo español. En su juventud, él había fomentado el problema, ya que tenía esclavos, participaba en expediciones militares y poseía tierras. Cuando vio la luz, inició una lucha de 60 años por los derechos de la población indígena. Fue nombrado el primer obispo de Chiapas, pero los colonizadores españoles lo echaron después de que les negara la confesión hasta que sus esclavos fueran puestos en libertad. Fue uno de los principales enemigos tanto de los colonizadores como de la iglesia católica, Bartolomé de las Casas murió en Madrid, España, a los 81 años. Hoy en día, se está tramitando su nombramiento como santo, pero estas cosas tardan tiempo. Yo no sabía nada acerca de todo esto cuando llegué a San Cristóbal, más bien, me puse a buscar Na Bolom, donde yo iba a ser Artista en Residencia.

Frans Blom nació en Copenhague, Dinamarca, en 1893, hijo de una familia rica de comerciantes. Este niño privilegiado y algo mimado creció hablando varios idiomas, y sus padres le llevaban de vacaciones a Alemania, Francia e Italia. Se convirtió en un hombre alto, guapo, rubio, de ojos azules, muy consentido. En 1919 se embarcó hacia Veracruz, México, para comenzar una vida completamente nueva. Esa vida era muy difícil en México: la Revolución Mexicana aún estaba en curso. Blom se unió a una banda de rebeldes, escribió artículos para revistas en Dinamarca, se dirigió a la Ciudad de México, donde consiguió un trabajo en una compañía petrolera. En aquella época, México producía una cuarta parte del petróleo mundial. Después volvió al sur, a los campos petroleros, donde le empezaron a interesar los artefactos antiguos que allí se encontraban, lo que lo llevó a convertirse en arqueólogo, reconocido por ser uno de los primeros en excavar las ruinas mayas de Palenque, entre otros sitios a lo largo de México y América Central, aunque, quizás sea más conocido por haber perdido dos veces la posibilidad de alcanzar la fama mundial: primera vez mientras actuaba como el encargado en Palenque, no consiguió responder a la pregunta de cuál era el propósito de los agujeros en las losas del suelo del Templo de las Inscripciones. En 1948, el arqueólogo Albert Lhuiller arrancó las losas, y tardó cuatro años más en retirar los escombros de la escalera que bajaba a la tumba de Pacal, uno de los hallazgos más espectaculares de la arqueología maya. Segunda vez. Blom había regresado a Chiapas, después de algunos años en Estados Unidos y tras un matrimonio fracasado, en otra expedición, cuando sufrió un ataque de malaria, el cual le impidió visitar Bonampak, un sitio con prístinas pinturas en las paredes. También fue la época en la que conoció a Gertrude Duby, una fotógrafa suiza que había estado documentando a las tribus lacandones en la selva Lacandona. Nacida en 1901 en Suiza, Gertrude Lörtscher se convirtió en una socialista apasionada a una edad temprana. En 1923 fue a Inglaterra para celebrar la victoria del Partido Laborista, y fue a Italia para protestar contra el régimen de Mussolini. Fue deportada a Suiza y se casó con Kurt Duby. Después, fue a Alemania para protestar contra Hitler y el Partido Nazi, y terminó arrestada, pero logró huir a Francia con un pasaporte falso. De allí pasó a la Rusia comunista y luego volvió a Francia, donde fue internada en un campo de prisioneros. Las autoridades suizas consiguieron su liberación y, junto con otros refugiados, Gertrude fue a Génova, Italia, donde tomó el último barco de vapor que ese día se dirigía a Nueva York. México había abierto sus puertas a los refugiados izquierdistas, especialmente a los que huían de la España franquista, así que ella decidió ir allí. Durante su cruce del Atlántico leyó el libro *México: Tierra de indígenas*. Después compró una cámara de caja usada para fotografiar a esta gente y fue en su visita a la tribu Lacandona donde conoció a Frans. Trudi, el apodo que usaba Gertrude, le rogó a Frans que dejara de beber alcohol, y aunque él nunca lo dejó, siguieron juntos hasta el día en que Frans murió. Participaron en un estudio de un brote de oncocercosis, una enfermedad transmitida por las larvas de una diminuta mosca negra, que causa ceguera en las personas infectadas. En un pequeño pueblo del sureste de Chiapas, donde vivían trabajadores de las plantaciones de café, descubrieron que casi todos estaban ciegos. A partir de esa experiencia, decidieron comprometerse a ayudar a los pueblos indígenas de Chiapas. Pero primero tuvieron que ganarse la vida, así que se trasladaron a la Ciudad de México donde, a pesar de sus bajos ingresos, recibieron a miembros de la academia mexicana, junto con refugiados de la Guerra Mundial, actores, artistas, académicos y viajeros de toda Europa. Diego Rivera y Frida Kahlo fueron algunas de las celebridades de la ciudad que acudieron a su apartamento. Sin embargo, su situación financiera no había mejorado y Trudi regresó a Europa donde escribió artículos para varias publicaciones. Ella también conoció a la familia de Frans antes de regresar a la Ciudad de México donde siguió escribiendo y exponiendo sus fotografías. Frans se dedicó a organizar viajes a la selva. En 1949, Alfred Blom murió y una herencia permitió a Frans y Trudi comprar una vieja casa en las afueras de San Cristóbal. Construido en 1891, la casa fue concebida como seminario. El propietario murió antes de que se terminara. El único espacio que se terminó fue la capilla, una larga sala con pinturas en el techo abovedado. Alrededor de un patio central había otros edificios, habitaciones parecidas a celdas, a las que se añadieron más habitaciones cuando se instalaron. La nombraron "Na Bolom', (Casa del Jaguar); los Bloms eligieron este nombre como un juego de palabras basado en el nombre Blom porque el señor Blom había sido conocido afectuosamente por los habitantes de la selva como, Pancho Bolom. Na Bolom se constituyó como centro cultural, social y académico, y albergaba la colección de libros de Frans sobre la cultura maya y las fotografías de Trudi. Estaba abierta al público. Había habitaciones para huéspedes y la capilla era ahora el comedor, con una larga mesa donde se servía el desayuno, el almuerzo y la cena. Los lugareños, y los invitados, entre los que podían estar los lacandones que venían de la selva, y vestían sus túnicas blancas tradicionales de una sola pieza. (Por cortesía de los Blom, se les ofrecían a los lacandones alojamiento, comida y atención médica gratuitos). Al igual que en la Ciudad de México, a menudo había conversaciones en al menos tres idiomas. En el año 1956, tuvieron invitados de 29 países diferentes. Las obras de construcción en la casa continuaron y los Bloms se endeudaron mucho, lo que dificultó la relación entre ellos. Ambos siguieron escribiendo y viajando juntos para asistir a conferencias y eventos similares. Esas ocasiones permitían a Frans alejarse de Trudi y así poder beber a gusto. Siguió buscando sitios arqueológicos hasta que su salud se deterioró considerablemente, lo más que podía aguantar era solamente salir al jardín. Blom había pedido la nacionalidad mexicana en los años 40, y el 13 de junio de 1963 finalmente se la concedieron. El 23 de junio Blom murió. Él y Trudi llevaban 20 años juntos. En Na Bolom me instalé en una de esas habitaciones tipo celda, que daba el patio principal. El artista residente que se marchaba, un músico, me dijo que había compuesto una pieza musical durante su estancia, pero que no era obligatorio crear una obra durante la estancia. Lo único que parecía exigir de mí era que apareciera a la hora de las comidas como "el artista residente". Trudi seguía presidiendo las comidas, siempre vestida para la ocasión, como siempre lo había hecho. La señora Doña Bety (el apodo de Beatriz Mijangos) era una niña cuando visitó a Na Bolom porque le daba curiosidad, y nunca se fue; hasta ahora seguía a cargo de la cocina. En una de nuestras comidas, conocí a una pareja que dirigía la sucursal de San Cristóbal de PRONATURA México. Recientemente habían adquirido un terreno en el que se haría un sendero para visitantes, a lo largo del cual querían una serie de letreros que indicaran qué plantas o criaturas podrían verse allí. Me pidieron que hiciera dibujos que pudieran usarse en dichos letreros. Visitamos el lugar y, ya armado con una lista de las plantas y criaturas más singulares que se encontraban allí, me puse a trabajar. No sé si a fin de cuentas los letreros se hicieron, pero tiempo después, recibí el libro, *Las aves de los altos de Chiapas* que contenía algunos de mis dibujos. Me complace saber que el pájaro Chipe Mejillas Doradas que se encuentra durante el verano en la zona de *Hill Country* de Texas, donde yo vivo, pasa el invierno en Chiapas. En Na Bolom no había un lugar que funcionara como taller y yo no sabía en qué ocuparme, pasé mucho tiempo caminando por las calles del pueblo llamando mi atención la variedad de entradas y portales, así que empecé a fotografiarlos, sin saber qué podría hacer con estas fotos que no se revelaron hasta mi regreso a Texas. Visité algunas de las ruinas mayas, incluyendo Palenque, uno de mis lugares favoritos. He ido allí varias veces, así como Tonina, una de las ruinas mayas menos visitadas. Unos amigos de Texas me visitaron para mi cumpleaños en marzo, cuando fuimos a Agua Azules, una serie de cascadas y pozas en un río que desciende desde las montañas de Chiapas hasta el Golfo de México. Conocí a mucha gente agradable, vi muchas cosas bonitas y tuve muchas experiencias agradables. Trudi siempre fue amable conmigo; una noche me despertaron tocando a mi puerta. Era Trudi. No había podido dormir así que dio una vuelta por el patio sin poder encontrar el camino de vuelta a su habitación. La ayudé a volver, con su asistente que había salido a buscarla. La tienda de regalos de Na Bolom, según recuerdo, tenía muy poco que ofrecer. Diseñé un póster que pensé podría venderse y también diseñé una camiseta con el icónico Jaguar de Na Bolom que yo había dibujado. (Mandé imprimir unas cuantas docenas de estas camisetas en Texas, se agotaron y me pidieron que enviara más; sin embargo, la organización sin fines de lucro que dirige Na Bolom esperaba que las donara, al igual que las otras, pero, yo, teóricamente al menos, no soy una organización sin fines de lucro y no podía permitirme donar más, (de todas maneras, no los volvieron a pedir). La organización sin fines de lucro no pretendía hacer ningún cambio mientras Trudi estuviera a cargo, ya que ella había mantenido el lugar a su manera, durante 30 años desde que Frans había muerto. Trudi murió en diciembre de 1993, a los 92 años. Los cuadros que aparecen en este libro no habrían surgido si no hubiera pasado esos meses en Na Bolom. Los huéspedes hoy en día son bienvenidos en Na Bolom ofreciendo varios otros servicios, mientras que los objetivos originales de los Blom se siguen cumpliendo.

Michael P. Earney, 2022

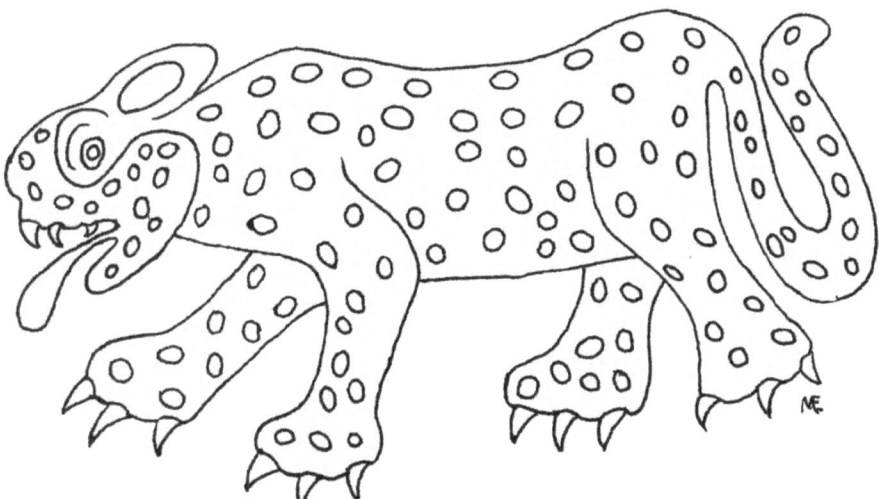

1. 2222 36"x48"

The bold arch of this doorway was what most impressed me when I saw it. Although not as bright as Frida Kahlo's house in Mexico City, I think of it as "Frida Kahlo Blue." I have always admired the exuberant use of color in Mexico. The door itself is classic with its lower panels faded by years of rain pouring off the tiled roof and splashing onto the pavement in front. At the time I didn't think to make note of the street name or anything else about the location, others I did, whenever it was easy to obtain the information. By the same token, I have no record of who purchased the painting.

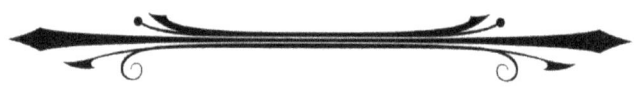

Lo que más me impresionó la primera vez que vi este portón fue el arco tan llamativo. Aunque el color no es tan intenso como el de la casa de Frida Kahlo ubicada en la Ciudad de México, lo considero el mismo "azul de Frida Kahlo". Siempre he admirado el uso exuberante de los colores en México. La puerta en sí es como una obra clásica, con sus paneles inferiores descoloridos por los años de la lluvia que se derrama a través de las tejas del techo y salpican el pavimento de enfrente. En aquel entonces no se me ocurrió anotar el nombre de esa calle ni ningún otro detalle sobre la ubicación. Con otros retratos sí anoté la información, aunque era fácil obtenerla. Asimismo, no tengo constancia de quién compró el cuadro.

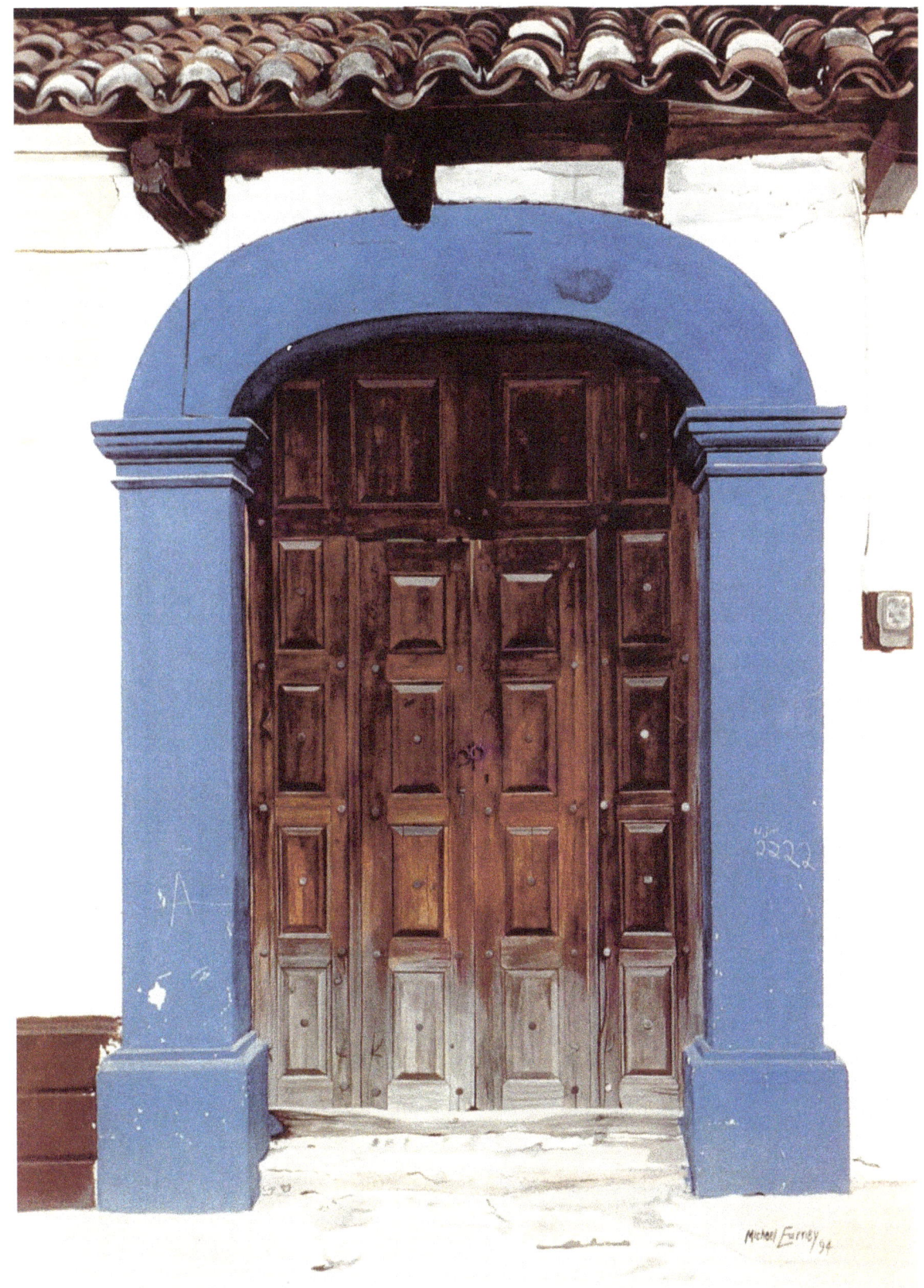

Michael Furney /94

2. Calle Real de Mexicanos #16 (Se vende casa) 30.1/2" x 48"

Another imposing archway over doors that could open to allow a horse and carriage to enter. I particularly liked the hand-lettered, 'Se Vende Casa' sign, (myself, I'm always careful to rough it out in pencil before I use ink or paint to avoid such occurrences), and couldn't help wondering what the house inside, that was for sale, might be like. I never got to see the door open.

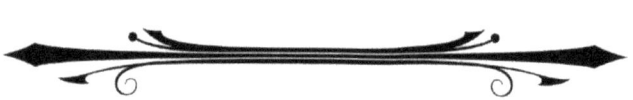

Otro imponente arco sobre unas puertas que podrían abrirse para permitir la entrada de un caballo y un carruaje. Me gustó especialmente el cartel de "Se Vende Casa", escrito bruscamente a mano (yo, en cambio, siempre tengo cuidado de esbozarlo a lápiz antes de usar tinta o pintura), y no pude evitar preguntarme cómo sería la casa de dentro, que estaba en venta. Nunca logré a ver la puerta abierta.

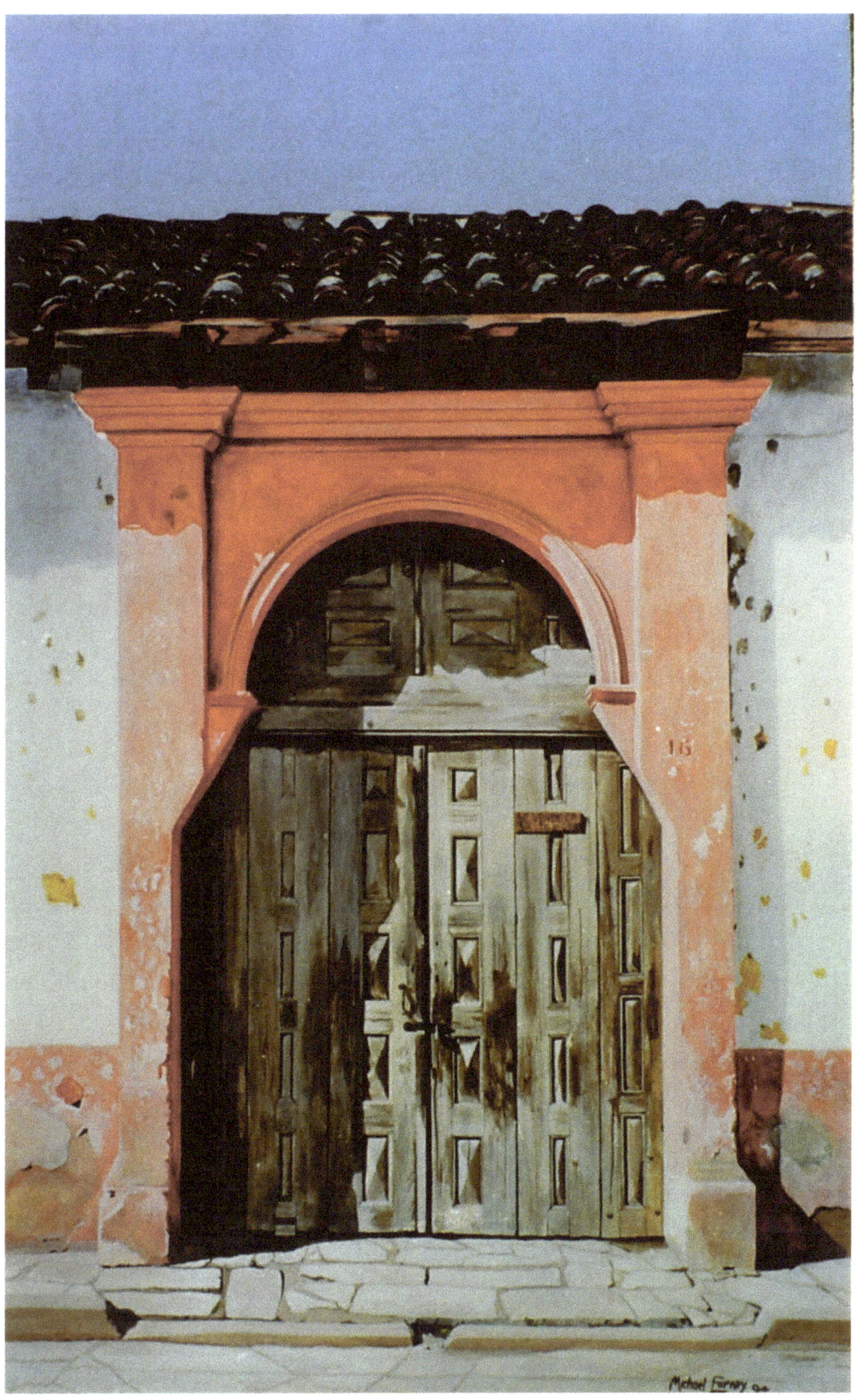

3. Avenida Huixla #4 (Casa de Yoga) 35.1/2" x 48"

Huixla is a small town near to the west coast of Chiapas, whether the Avenida led there, I don't know, I never got there. The town is probably best known for the Piedra de Huixla, just outside of town said to be the second-largest rock of its kind in the world, or fifth largest, depending on who you ask. Either way, it is huge and attracts many tourists. This entryway to the Casa de Yoga was open more often than most others in town and, on a couple of occasions; I did see people in their yoga togs doing their downward dogs in the courtyard.

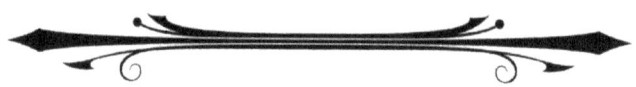

Huixla es un pueblo pequeño cerca de la costa oeste de Chiapas. No sé si la avenida principal lleva hacía allí, porque nunca llegué. El pueblo es quizás más conocido por la Piedra de Huixla, en las afueras del pueblo. Se dice que es la segunda roca más grande de este tipo en el mundo, o bien, dependiendo de quién le preguntes, la quinta más grande. De todos modos, es enorme y atrae a muchos turistas. Esta entrada a la Casa de Yoga estaba abierta más a menudo que la mayoría de las otras de la ciudad y, en un par de ocasiones, vi a gente con sus trajes de yoga haciendo sus posturas de perro boca abajo en el patio.

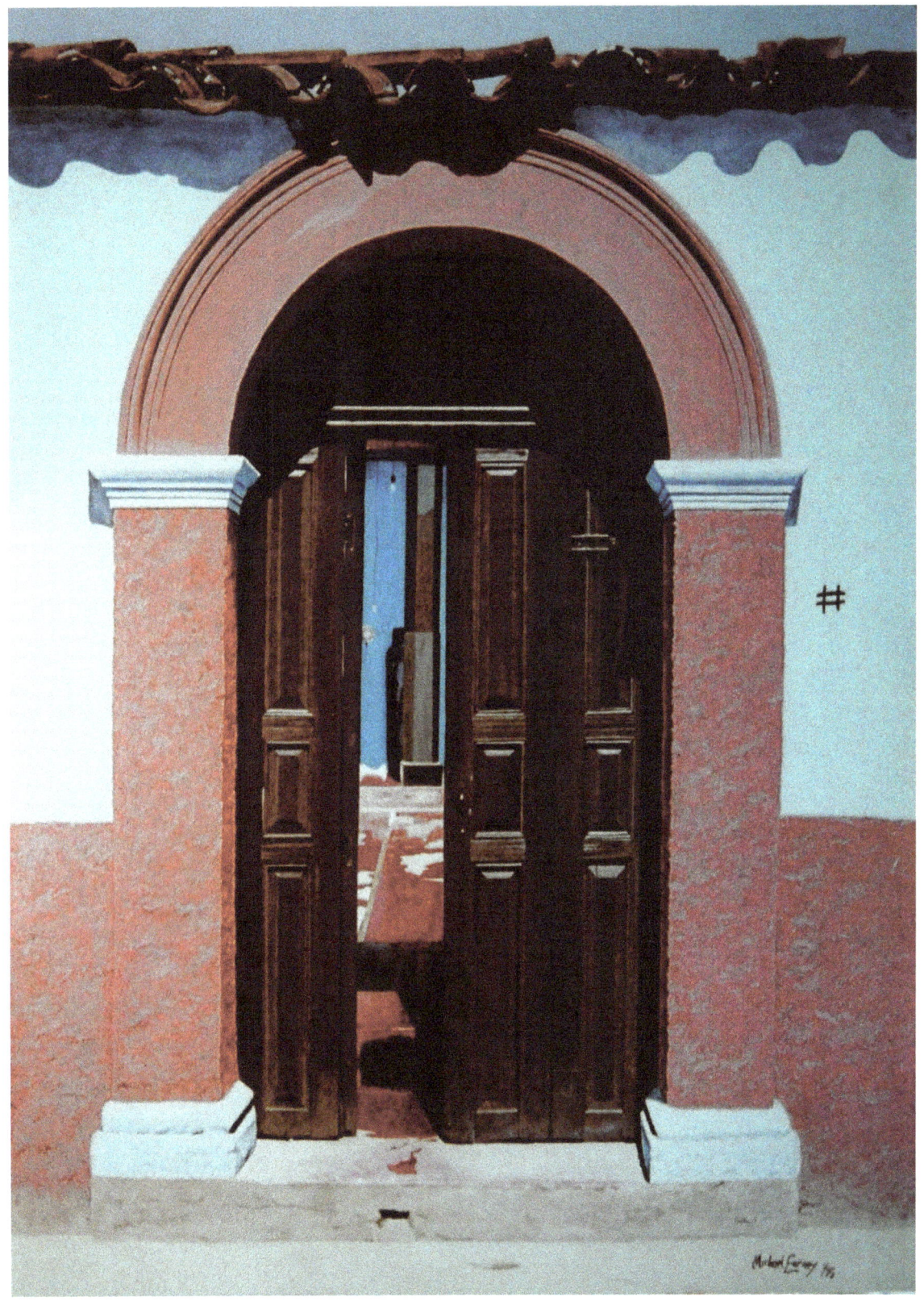

4. Peonza Perdida 15.3/4"x 24"

Peonza-Top or Spinning top. It can also mean, 'busy bee', to be always on the go. 'Ir a peonza'- to go on foot, to hoof it. Perdida- lost, missing, missed, loss or losing. So, did someone lose their spinning top there? Was the place named for a top that went missing at some time? Did the house remind the owner of a top they lost in the past? Perhaps the owner was a 'busy bee', always on the go. Maybe they walked a lot, hoofed it around town. We will likely never know.

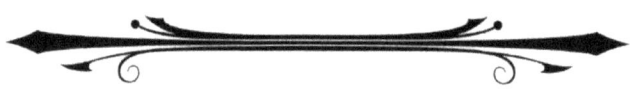

Peonza es otra manera de decir trompo. También puede significar "hormiguita", es decir, estar siempre muy activo. "Ir a peonza" quiere decir "ir a pie" o "caminar". Y como el nombre incluye "Perdida", hace que se pregunte si alguien perdió allí su peonza. ¿Se llamaba así por una peonza que se perdió en algún momento? ¿Le recordaba la casa al propietario una peonza que perdió en el pasado? Tal vez el propietario era una "hormiguita", siempre en movimiento. Tal vez el dueño caminaba mucho o recorría la ciudad a pie. Probablemente nunca lo sabremos.

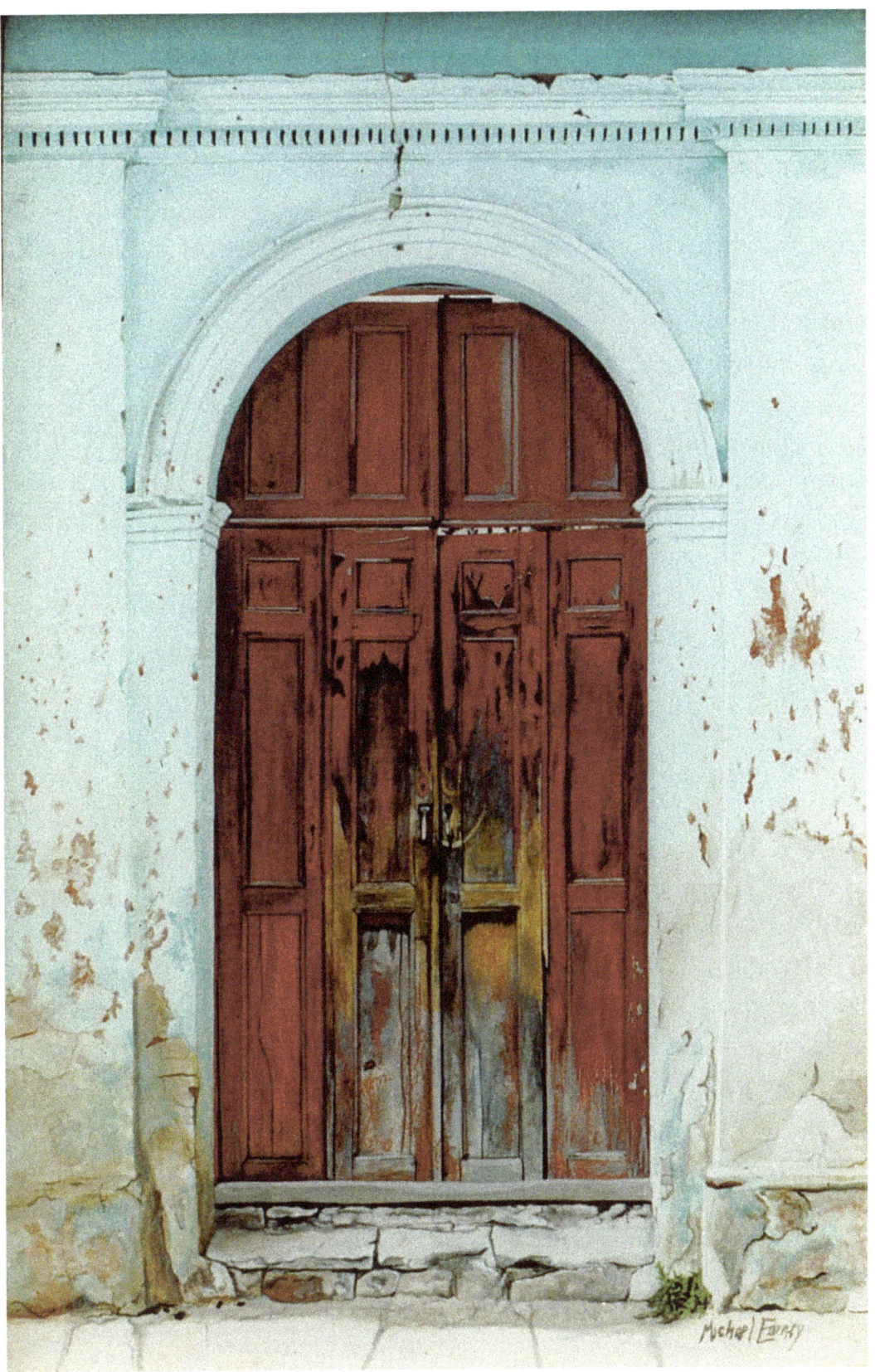

Michael Emery

5. Calle Tapachula #41 24"x35"

This painting is from the first photo I took at 41 Tapachula. Writing about the cover painting I explained how it came about, what I didn't say was how the cover picture, with two doors open, came about. Before leaving for San Cristóbal, I was talking to my ex-partner in Santa Fe, NM, we had had a small film company making 16mm documentaries, and he said that the girlfriend of another cinematographer in Santa Fe, was house-sitting a place in San Cristóbal and that I should try to find her, it's a small town, he said. Sure, I thought, no name, no address, fat chance. Well, you guessed it, that was the very woman that opened the door. She opened the other door, and I got the cover picture.

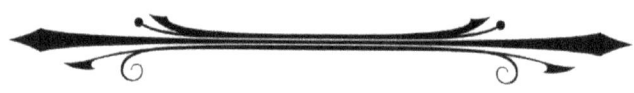

Este cuadro corresponde a la primera foto que tomé en el 41 de Tapachula. En la introducción sobre el cuadro de la portada expliqué cómo surgió, pero lo que no dije fue cómo surgió la foto en que se basa el cuadro de la portada, con dos puertas abiertas. Antes de partir a San Cristóbal, estaba hablando con un ex colega en Santa Fe, Nuevo México. Teníamos una pequeña empresa de cine que hacía documentales en 16 mm, y me dijo que la novia de otro cinematógrafo en Santa Fe, estaba cuidando una casa en San Cristóbal y me recomendó encontrarla. Es un pueblo pequeño, me dijo. Como no sabía su nombre, ni su dirección, me pareció imposible. Pues para mi gran sorpresa, esa misma mujer es la que me abrió la puerta. Luego ella abrió la otra puerta, y tomé la foto de la portada.

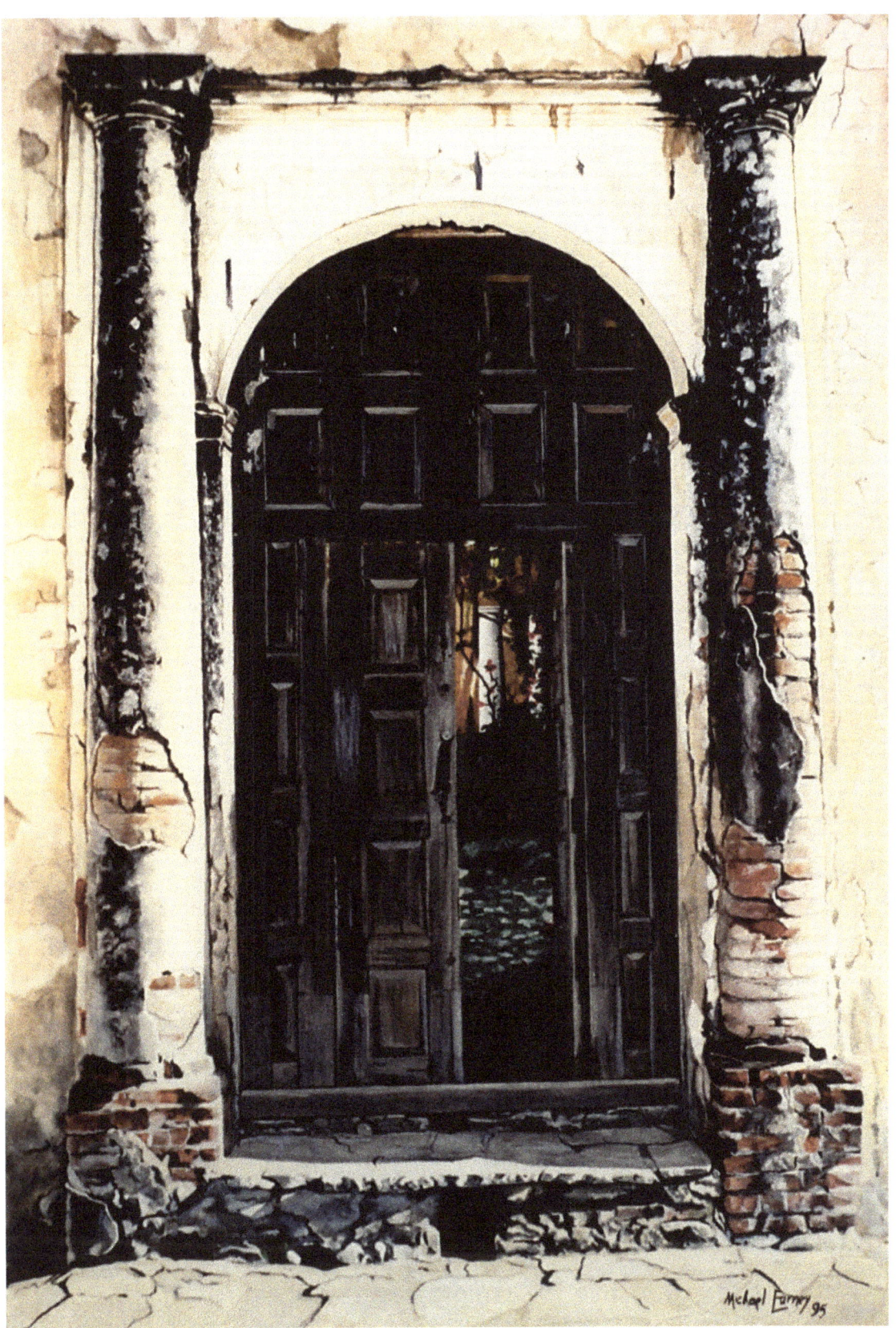

6. Calle Tapachula #41 24"x35"

The house at 41 Tapachula was owned by a professor at a college in Santa Fe, NM, it was his vacation home and future retirement home. After my initial meeting with the house-sitter, I visited a few times, saw the impressive library, and took a picture of the inside of the entryway with the splendid, flowering bougainvillea. This image shows how the entire wooden part is hinged to open and allow a vehicle to enter. I made a painting of one of the agaves growing there, some of which can be made out in the view through the two open doors painting. (Cover painting.)

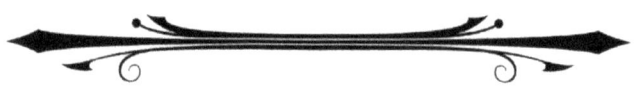

La casa ubicada en el número 41 de Tapachula era propiedad de un profesor de una universidad en Santa Fe, en el estado de Nuevo México. Era su casa de vacaciones la casa donde planeaba vivir después de jubilarse. Después de mi encuentro inicial con la persona que cuidaba de la casa, la visité varias veces. Pasé por la impresionante biblioteca y tomé una foto del interior de la entrada con su espléndida bugambilia en flor. Esta imagen muestra cómo toda la parte de madera está articulada para poder abrirse y permitir la entrada de un vehículo. Hice una pintura de uno de los agaves que crecen allí, algunos de los cuales se pueden distinguir en el cuadro con las dos puertas abiertas. (Pintura de portada.)

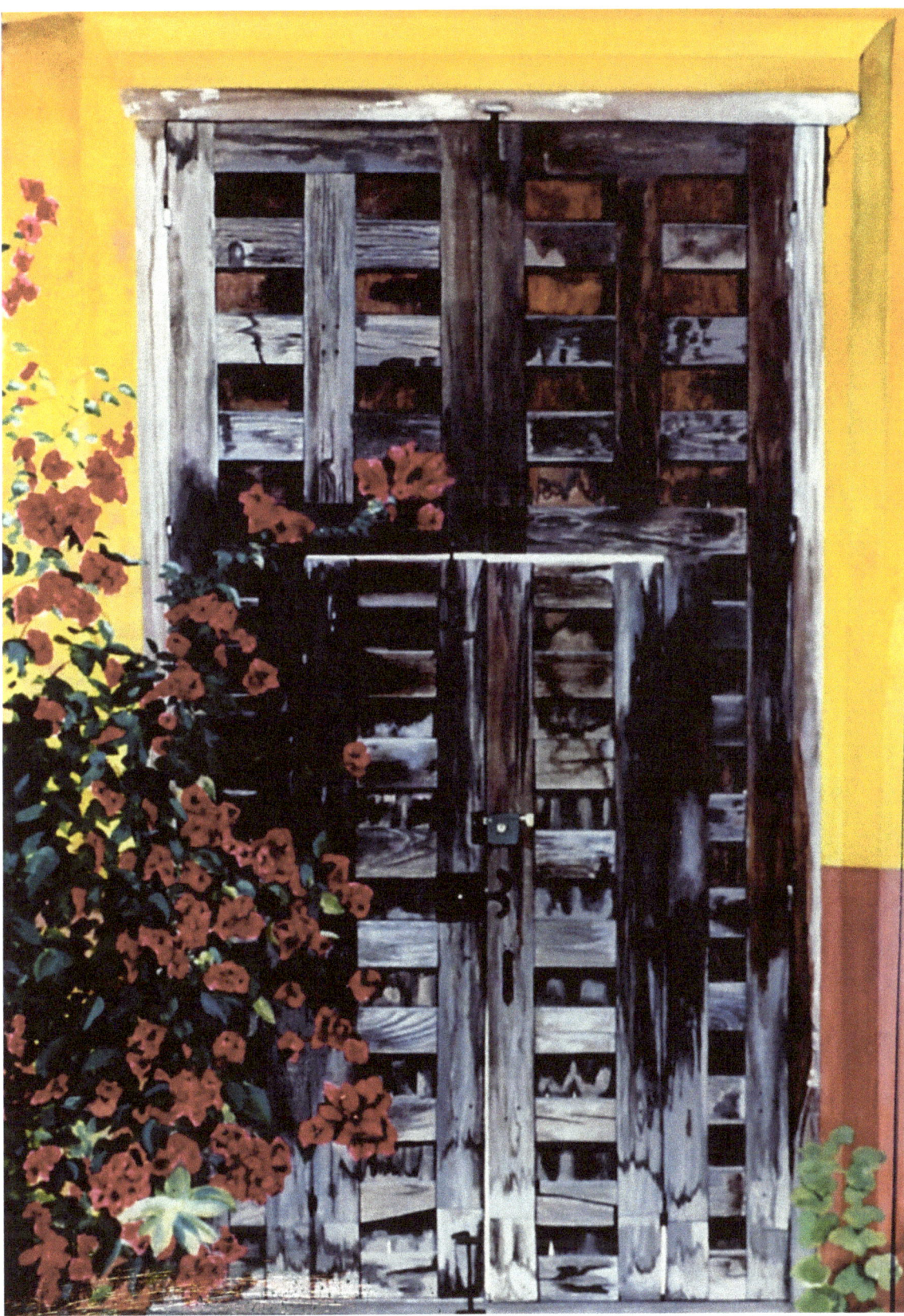

7. Calle del Diablo 30"x48"

Street of the Devil, Callejon del Diablo, the devil's alley, you will find them throughout Mexico, California, and Arizona. In Green Valley AZ. Several houses on Calle del Diablo were for sale when I wrote this, could there be some dark reason for that? It's easy to imagine that behind those great portals, many of which have stood since colonial days, are hidden dark secrets, horrors we might prefer not to know. All of the evil in the world can be attributed to the Devil so, a street where misdeeds were done, could very well deserve the title, "Calle del Diablo". Traversing the Camino del Diablo from Mexico to Arizona was, and still is, a hellish experience, in the past, many travelers died from the heat and lack of water, perhaps the building of the Calle del Diablo in San Cristóbal was a hellish task. On the other hand, it's a fairly common street name so, why not one in San Cristóbal.

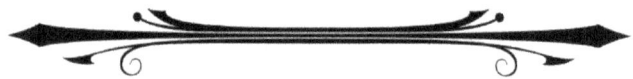

En varias partes de México, California y Arizona se encuentran calles nombradas Calle del Diablo o Callejón del Diablo. Varias casas en la Calle del Diablo estaban en venta cuando escribí este texto. ¿Podría haber alguna oscura razón para ello? Es fácil imaginar que detrás de esos grandes portales, muchos de los cuales han permanecido en pie desde la época colonial, se esconden oscuros secretos, horrores que preferiríamos no conocer. Todo el mal del mundo puede atribuirse al Diablo, así que una calle donde se han cometido maldades bien podría merecer el nombre de "Calle del Diablo". Recorrer el Camino del Diablo desde México hasta Arizona fue, y sigue siendo, una experiencia infernal. En el pasado, muchos viajeros murieron por el calor y la falta de agua. Puede ser que la construcción de la Calle del Diablo en San Cristóbal fue una tarea infernal. Por otro lado, es un nombre de calle bastante común así que, ¿por qué no usarlo en San Cristóbal?

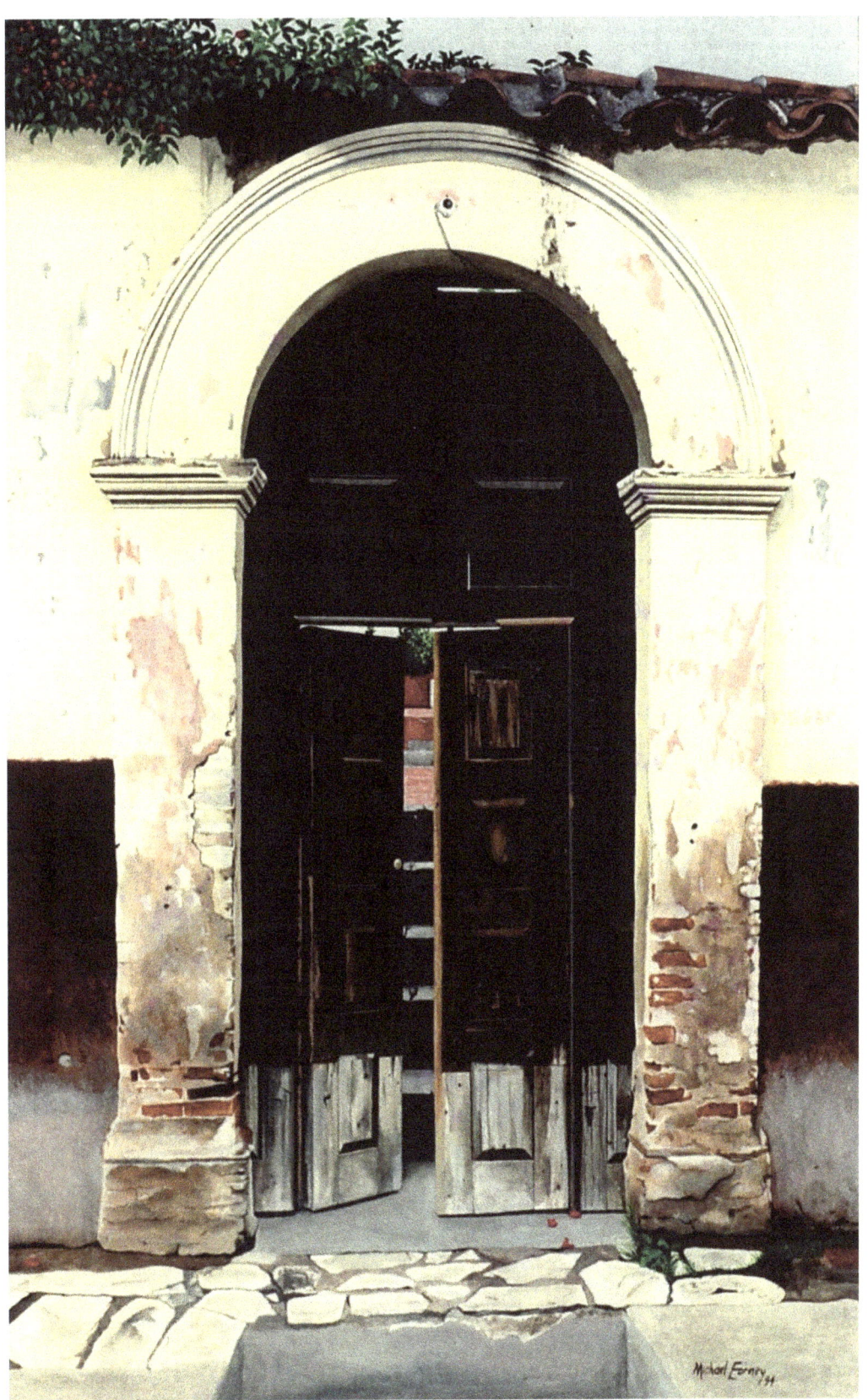

8. En Calle Ejército Nacional 28"x 41"

It seems as though every town in Mexico has a Calle Ejército Nacional, street of the National Army, why, I don't know, why there is a National Army, I don't know. Mexico could certainly find something better to spend its money on, I don't think the USA is going to invade again. I guess it's a remnant of the idea that a nation with a military force is one to be held in esteem. Personally, I think every man, woman, and child worldwide, should be taught never to agree to wage war against anyone, ever. I know, not likely but, as John Lennon wrote, "Imagine". But I digress; I was sitting with visiting friends on the open-air patio/dining area of a restaurant on Calle Ejército having an evening drink when the doorway across the street called to me. I was focusing and framing to take a picture of the door when that lady walked into the frame, and I took the shot.

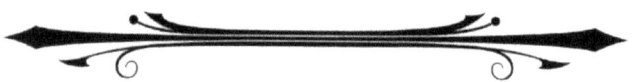

Parece que todos los pueblos de México tienen una calle nombrada Ejército Nacional No sé por qué será. Además, ¿por qué existe un Ejército Nacional? Tampoco lo sé. Desde luego que México podría encontrar algo mejor en que gastar su dinero. No creo que los Estados Unidos vayan a invadir de nuevo. Supongo que es un remanente de la idea de que una nación con una fuerza militar es una que merece respeto. Personalmente, creo que se debería enseñar a todos los hombres, mujeres y niños del mundo a no aceptar nunca el pretexto de una guerra contra nadie. Sé que no es factible, pero, como escribió John Lennon, "Imagina". Pero volviendo al tema, estaba sentado con unos amigos que estaban de visita en el comedor de un patio al aire libre en un restaurante de la Calle Ejército tomando una copa por la noche cuando el portal de enfrente me llamó la atención. Estaba enfocando y encuadrando mi cámara para sacar una foto de la puerta cuando una señora entró en el encuadre, y tomé la foto.

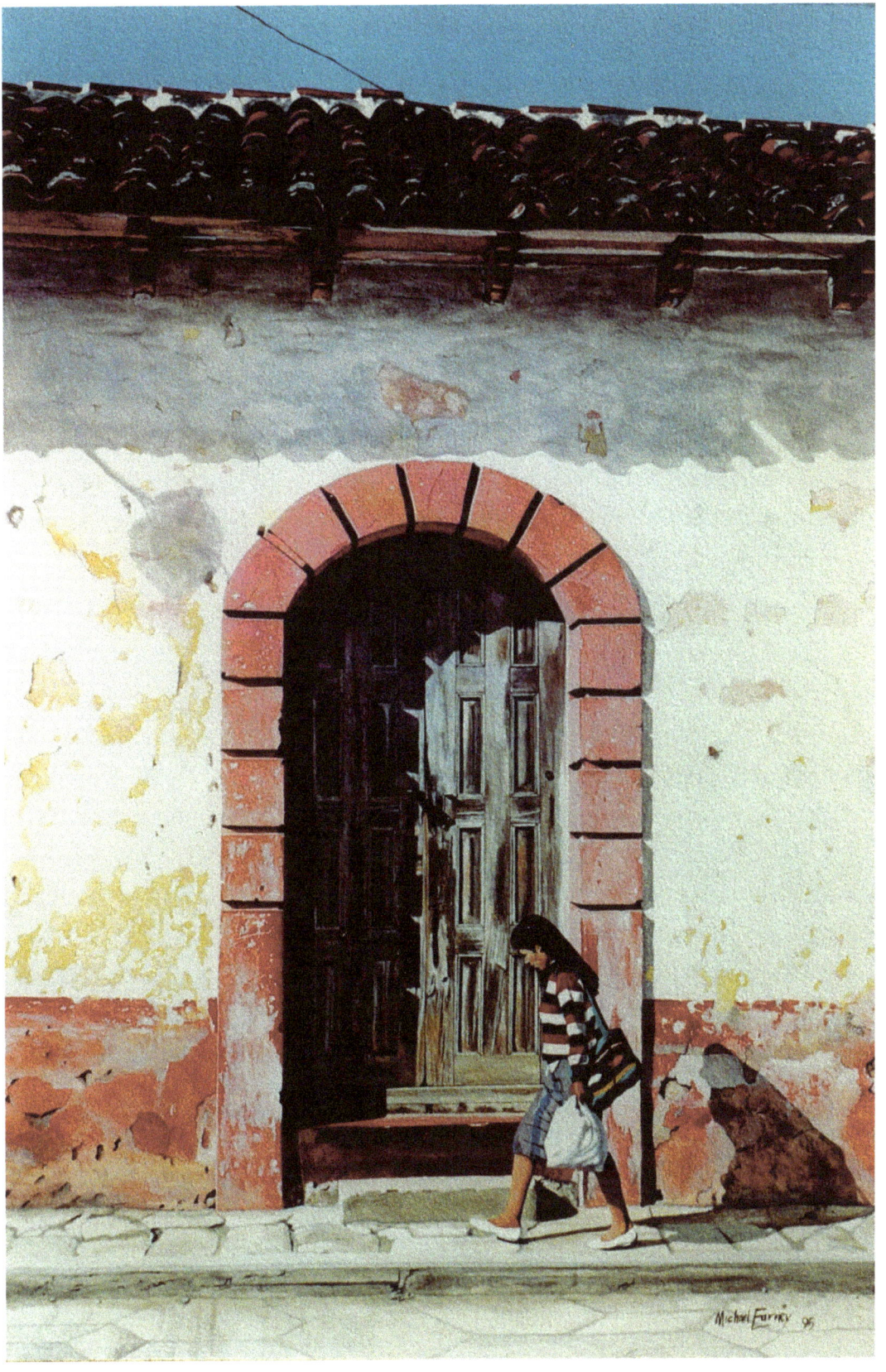

9. Calle Hermanos Domínguez #15 36"x 48"

Who were the Domínguez brothers and why is a street and a theater named for them? Native sons Abel and Alberto Dominguez Borras, together with their brothers, formed a marimba ensemble named, "Los Hermanos Domíguez" Alberto, b.1913. d. 1975, composed many of their songs. He is best known for, "Frenesi" "Frenzy" and "Perfidia", "Perfidy" which was covered by many musicians including, Woody Herman, Vic Damone, Nat "King" Cole, Tito Fuentes, Julio Iglesias and Linda Ronstadt. The Teatro Hermanos Domínguez is a popular Performance Arts Center in San Cristóbal, it houses much of the brothers' memorabilia. Many Indigenous people do not like to be photographed, on their way to the market, the mother wants to get out of the picture, her daughter, anxious but curious, reaches for her mother's arm.

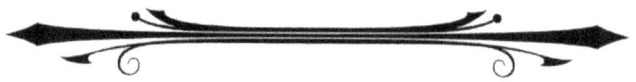

¿Quiénes eran los hermanos Domínguez y por qué llevan su nombre una calle y un teatro? Abel y Alberto Domínguez Borrás, originarios de Chiapas, junto con sus hermanos, formaron un conjunto de marimba llamado "Los Hermanos Domínguez". Alberto, nacido en 1913 y fallecido en 1975, compuso muchas de las canciones. Es conocido por las composiciones "Frenesí" y "Perfidia", que fueron interpretadas por muchos músicos como Woody Herman, Vic Damone, Nat King Cole, Tito Fuentes, Julio Iglesias y Linda Ronstadt. El Teatro Hermanos Domínguez es un popular centro de artes escénicas en San Cristóbal, que alberga gran parte de los objetos de recuerdo de los hermanos. A muchos indígenas no les gusta que les fotografíen de camino al mercado. En este cuadro, la madre quiere salir de la foto, mientras que su hija, ansiosa pero curiosa, toma el brazo de su madre.

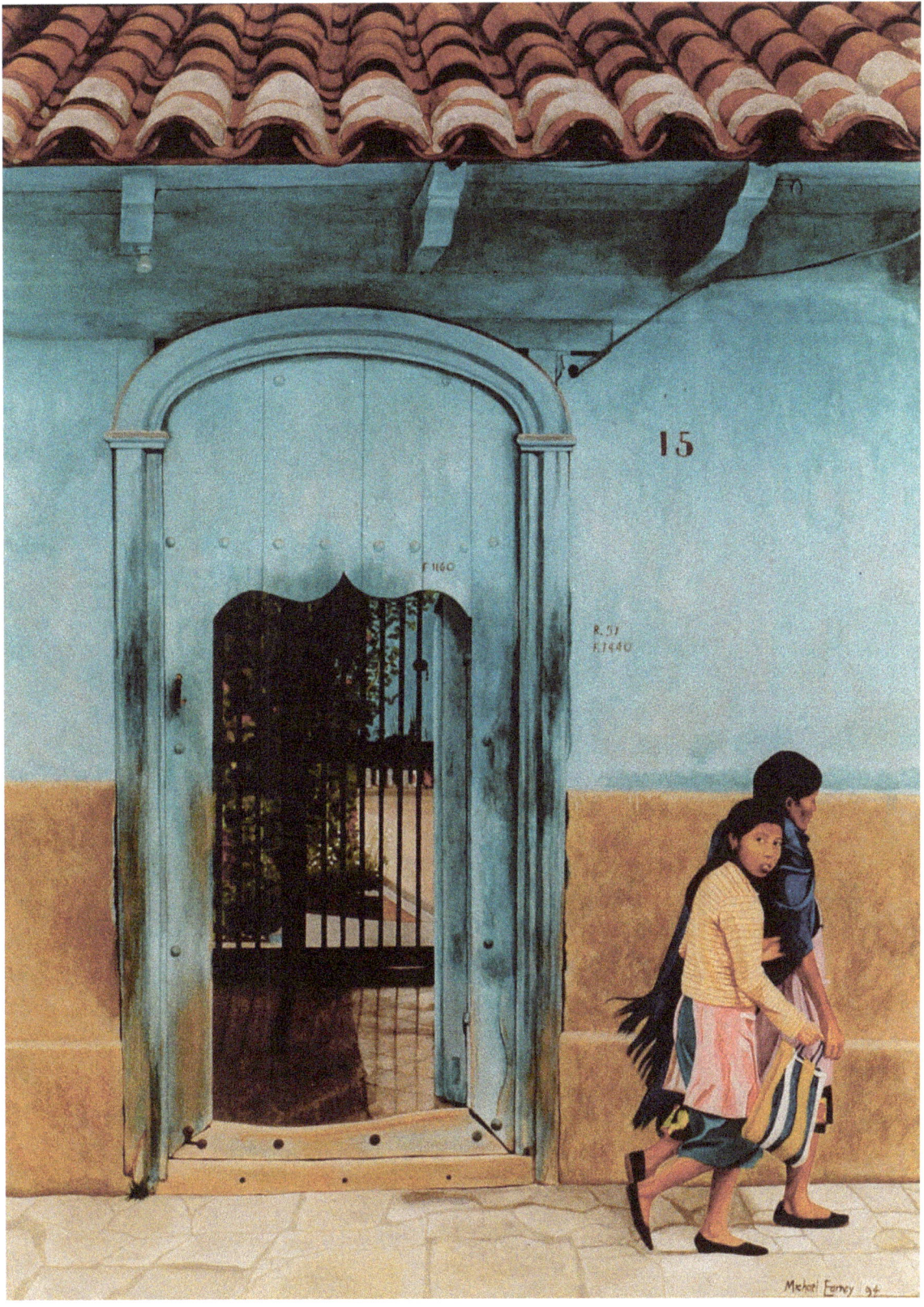

10. Calle Cintalapa #16 (Le Petit) 24"x 351/2"

Cintalapa is a town and one of 122 (119, 124, depending on your source) Municipalities of Chiapas, Calle Cintalapa is a short road, not far from Na Bolom, certainly not leading to Cintalapa, by no means a main road and not a well-kept one. Petit is a French word meaning, little one, short, petty, or child. Whether the paint marks on the panel before Petit were meant to say, "Le" is hard to define. Why was Petit, a French word painted on a door in San Cristóbal de las Casas, Mx? It's home to a lot of European ex-pats, so perhaps a little French child lived there. I was just attracted to the wear and tear that time had wrought and the combination of colors created by the process

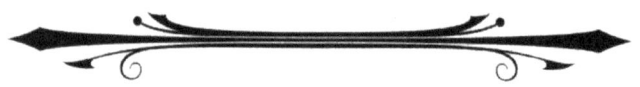

Cintalapa es un pueblo y uno de los 122 (o 119 o quizás 124, dependiendo a quién le preguntas) municipios de Chiapas. La calle Cintalapa es un camino corto, no muy lejos de Na Bolom, que no está en el camino a Cintalapa, de ninguna manera es un camino principal y tampoco está bien cuidado. "Petit" es una palabra francesa que significa, pequeño, corto, mezquino o niño. Es difícil saber si las letras pintadas en el panel que precede a "Petit" querían decir "Le". ¿Por qué se pintó Petit, una palabra francesa, en una puerta de San Cristóbal de las Casas? Es un lugar donde han vivido muchos ex patriotas europeos, así que tal vez un niño francés vivió allí. Pero lo que me interesó fue el desgaste que el tiempo había provocado y la combinación de colores creada por ese proceso.

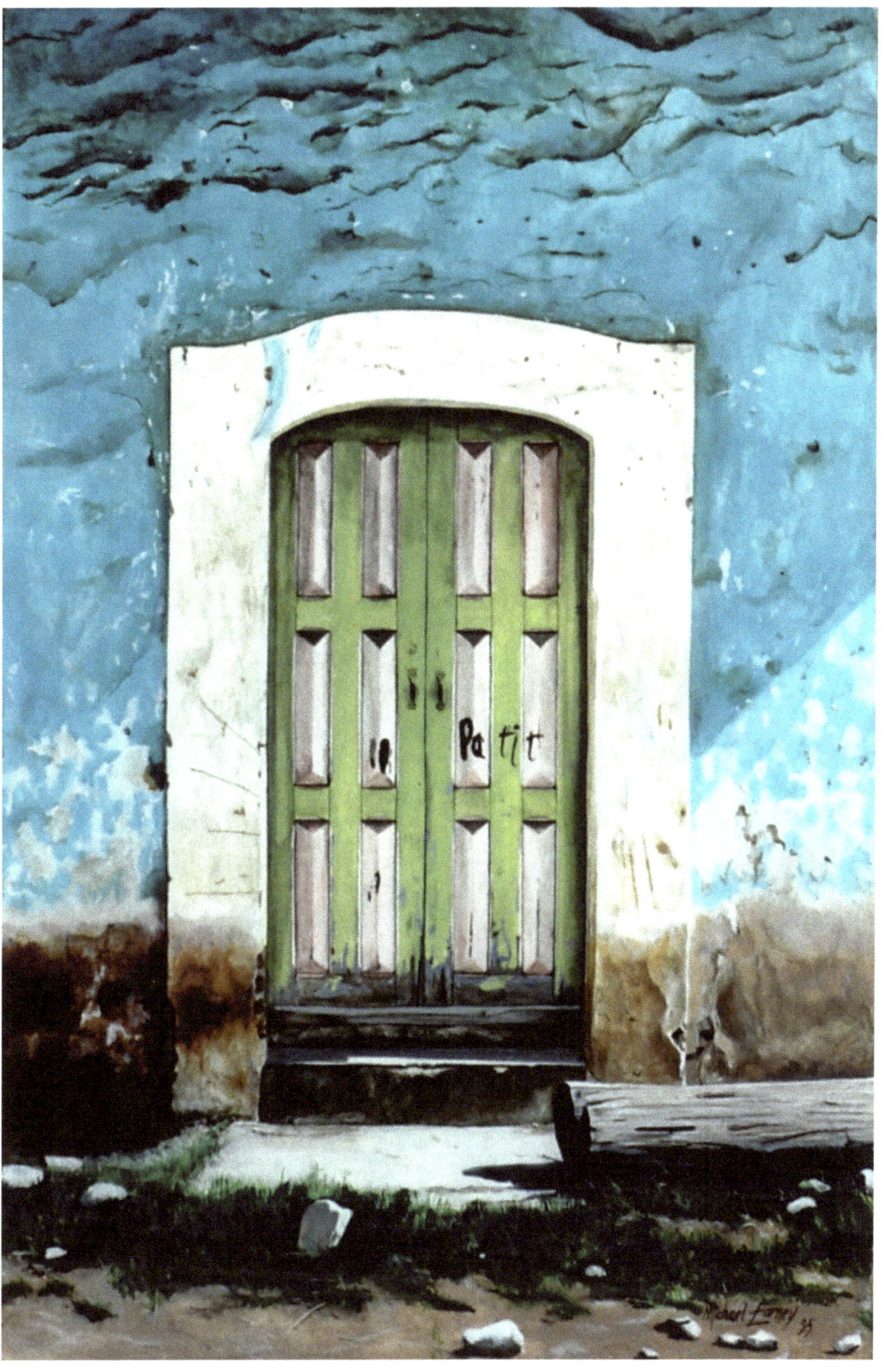

11. Calle Tonalá #11   231/2"x 31"

Another doorway the worst for wear, whether the hole above the door was an attempt to improve matters, it seems to have been abandoned. Tonalá is a city, and municipality, located in the southwest of Chiapas, bordering the State of Oaxaca and the Pacific Ocean. Tonalá is a Náhuatl word meaning "hot place". It's a popular tourist area, mostly for the beach. According to a bit of tourism information, some archaeological remains of the Olmec people can be found in the vicinity. The Olmec lived on the Gulf coast but, they clearly traveled, and signs of their civilization show up on the Pacific coast in places other than Tonalá.

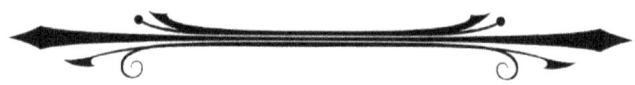

Esta es otra puerta que ha sufrido mucho desgaste. No queda claro si el agujero por encima de la puerta fue un intento de mejorar las cosas. El lugar parece haber sido abandonado. Tonalá es una ciudad, y municipio, situada en el suroeste de Chiapas, que hace frontera con el estado de Oaxaca y el océano Pacífico. Tonalá es una palabra náhuatl que significa "lugar caliente". Es una zona turística muy popular, sobre todo por la playa. Según información para turistas, en los alrededores se pueden encontrar algunos restos arqueológicos del pueblo olmeca. Los olmecas vivían en la costa del Golfo, pero es evidente que viajaban, y los signos de su civilización aparecen tanto en la costa del Pacífico como en otros lugares aparte de Tonalá.

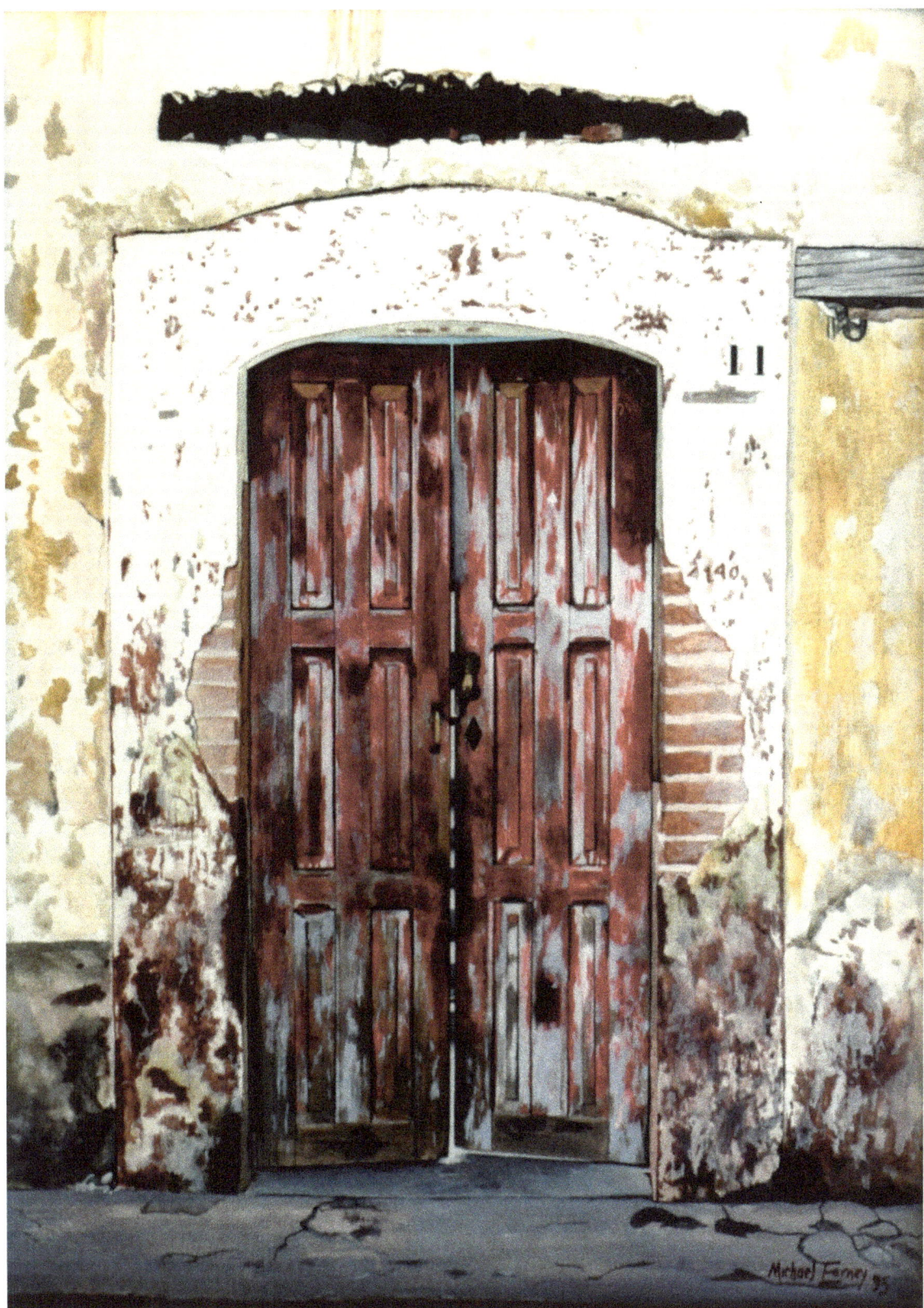

12. Dr. Belizario Domínguez #144   30" x 48"

It appears that the wall above the doorway at one time was as high as the wall to the left, it either collapsed or was destroyed by some means and the tiles were piled above the door to prevent further erosion of the adobe bricks. Dr. Belizario Domínguez Palencia was a physician born in 1863 in Comitán, Chiapas near the border with Guatemala. He was a liberal politician and became the mayor of Comitán in 1909. He became a Senator during the Mexican Revolution. In the Congress, he gave a memorable speech against the dictator Victoriano Huerta. That act prompted five cronies of Huerta to murder him in Mexico City. In 1915 Comitán was renamed Comitán de Domínguez in his honor. The street in San Cristóbal is named to honor him also.

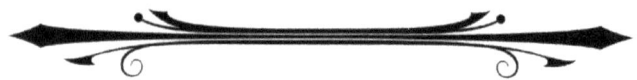

Parece que el muro sobre la puerta en algún momento fue tan alto como el muro a la izquierda, pero se derrumbó o fue destruido de alguna manera y las tejas fueron apiladas sobre la puerta para evitar una mayor erosión de los ladrillos de adobe. El doctor Belizario Domínguez Palencia fue un médico nacido en 1863 en Comitán, Chiapas, cerca de la frontera con Guatemala. Fue un político liberal y llegó a ser alcalde de Comitán en 1909. Llegó a ser senador durante la Revolución Mexicana. En el Congreso pronunció un memorable discurso contra el dictador Victoriano Huerta. Ese acto provocó que cinco compinches de Huerta lo asesinaran en Ciudad de México. En 1915 Comitán pasó a llamarse Comitán de Domínguez en su honor. La calle de San Cristóbal también lleva su nombre en su honor.

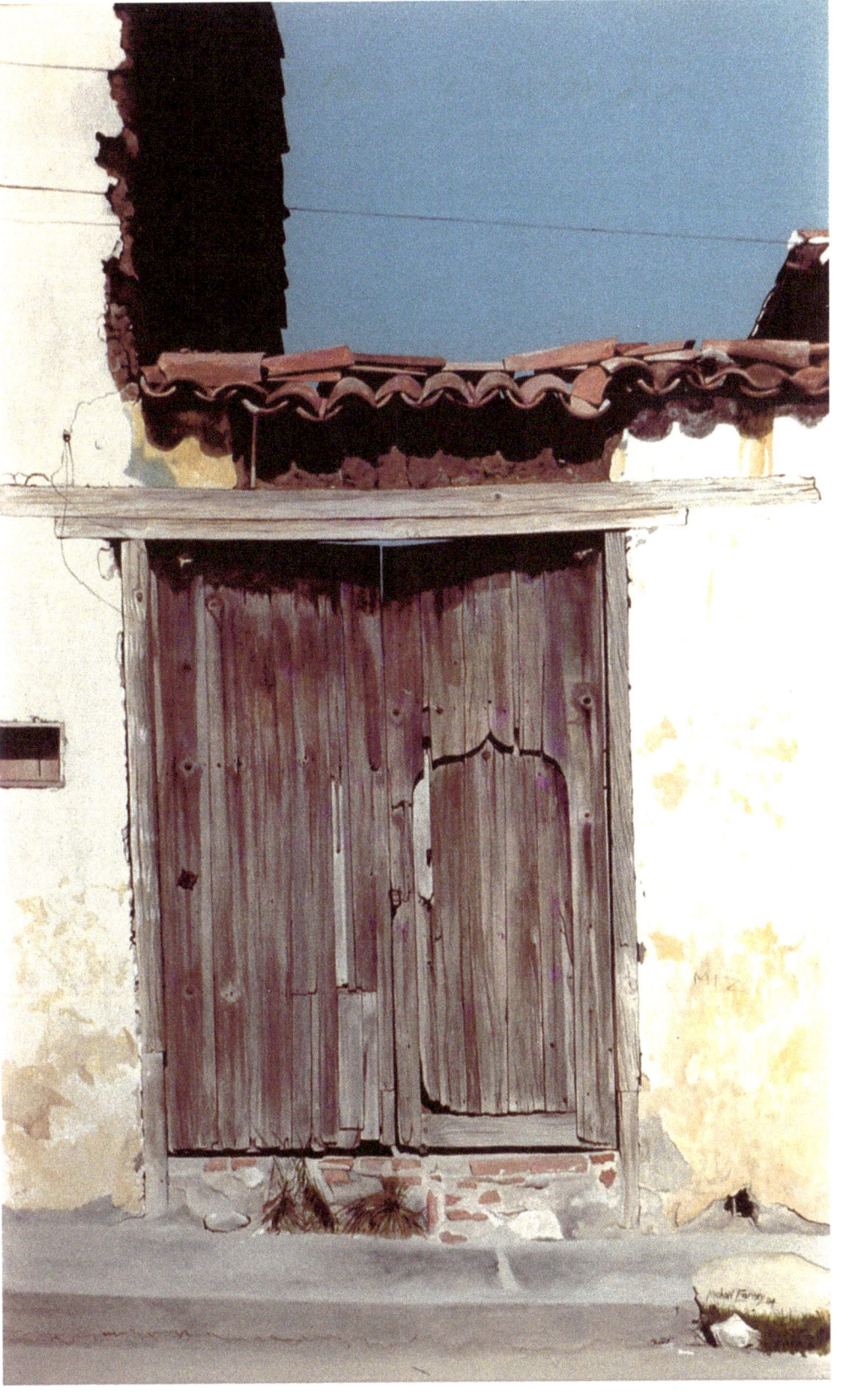

13. Calle de los Arcos #22 21"x 30"

I walked around a lot during my time at Na Bolom, it's quite possible I took Calle Frans Blom, some maps show it as, Calle Franz Bloom, east to Calle de los Arcos which ends close to the east side of the city. That might explain the two posts either side of the doorway. One's horse, or donkey, would be tied there while visiting. Once the city limit is reached, deforested hills begin as bare, rocky slopes where local Indigenous people, their much better growing areas absorbed by development, poke holes in the ground, between the rocks, with a long stick into which they then drop a corn seed for future harvest.

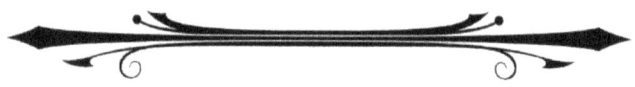

Caminé mucho durante mi estancia en Na Bolom y es muy posible que haya tomado la calle Frans Blom. Algunos mapas la muestran como calle Franz Bloom al este de la calle de los Arcos que termina cerca del lado este de la ciudad. Eso podría explicar los dos postes a cada lado de la puerta que se usaban para atar a un caballo o burro durante una visita. Al llegar al límite de la ciudad, comienzan las colinas deforestadas. Son laderas desnudas y rocosas en las que los indígenas locales, al haber sido perdido sus mejores zonas de cultivo debido el desarrollo, usan un palo largo para hacer agujeros en el suelo entre las rocas, y allí colocan semillas de maíz para la futura cosecha.

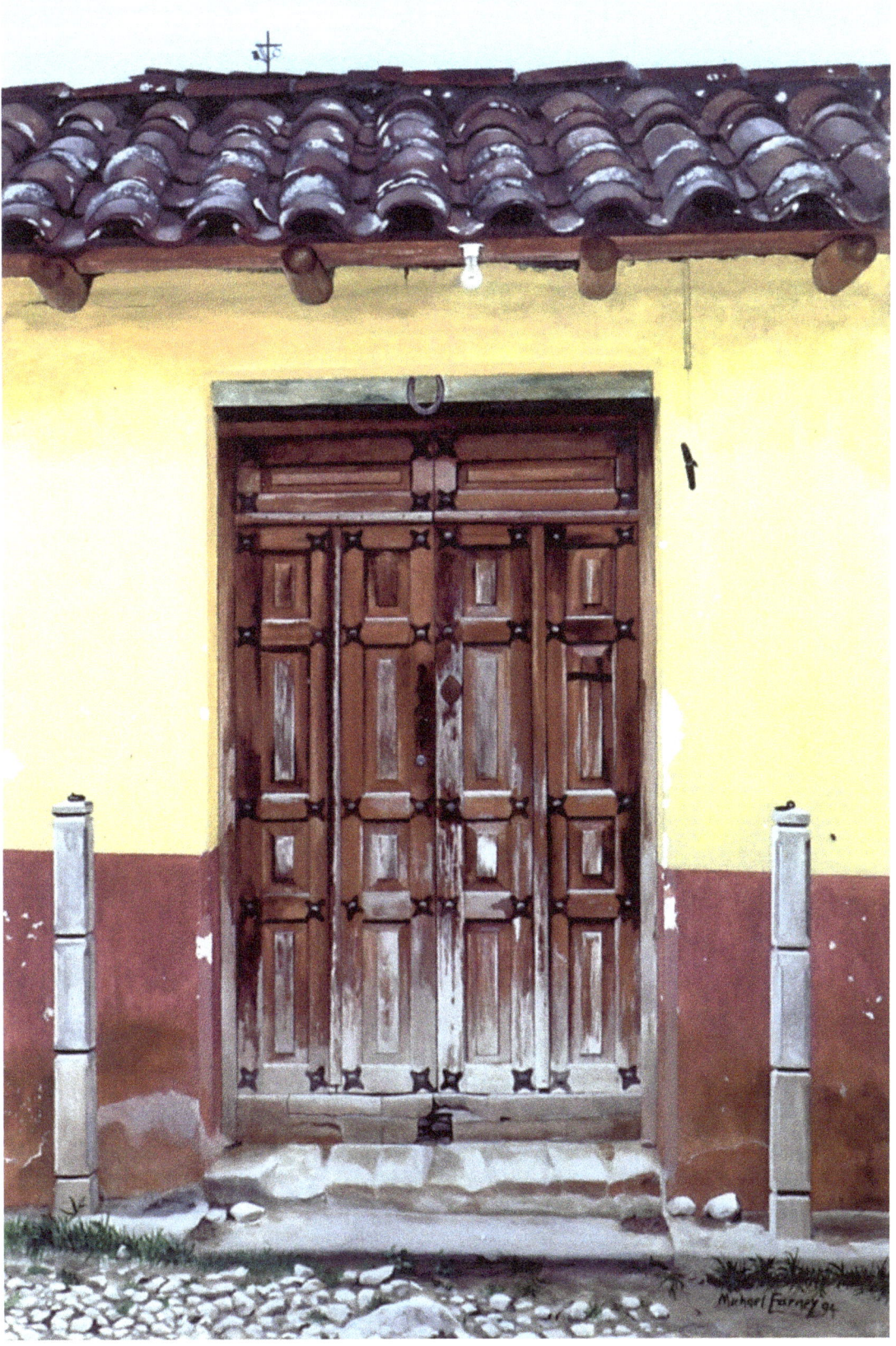

Michael Farney 94

14. Garabato #16 27"x32.1/2"

Garabato, to scrawl or doodle, can also mean a hook or a grapnel. My notes tell me no more than this was number sixteen Garabato. Was a hook or a grapnel used in the construction of Garabato? It's possible, if a large rock had to be removed, for instance. Scrawls and doodles aren't uncommon on doors, as we see elsewhere but, was the street the result of a doodle? One of the alleys I walked in San Cristóbal seemed to serve little other purpose than to be a place for dogs to poop, I don't think it was even a doodle on a map. Number sixteen was another one of those doors that I liked for the color combination and the wear and tear; what could that hole in the wall be for, mail?

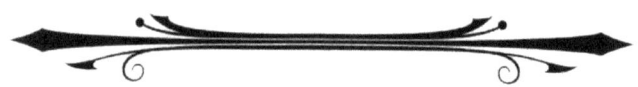

La palabra "garabato", además de significar escribir garabatos, también se refiere a un gancho o un rezón. Lo único que tengo anotado es que éste era el Garabato número dieciséis. ¿Es posible que se haya utilizado un gancho o un rezón en la construcción de esta casa en la calle Garabato? Puede ser, si es que hubo que retirar una gran roca, por ejemplo. Además, es muy común escribir garabatos en las puertas, como vemos en otros lugares, pero ¿fue la calle el resultado de un garabato? Uno de los callejones que recorrí en San Cristóbal no parecía servir para otra cosa que para que los perros hicieran caca. No creo que fuera ni siquiera un garabato en un mapa. El número dieciséis era otra de esas puertas que me gustaban por la combinación de colores y el desgaste. Me pregunto para qué podía haber servido ese agujero en la pared, ¿para meter el correo quizás?

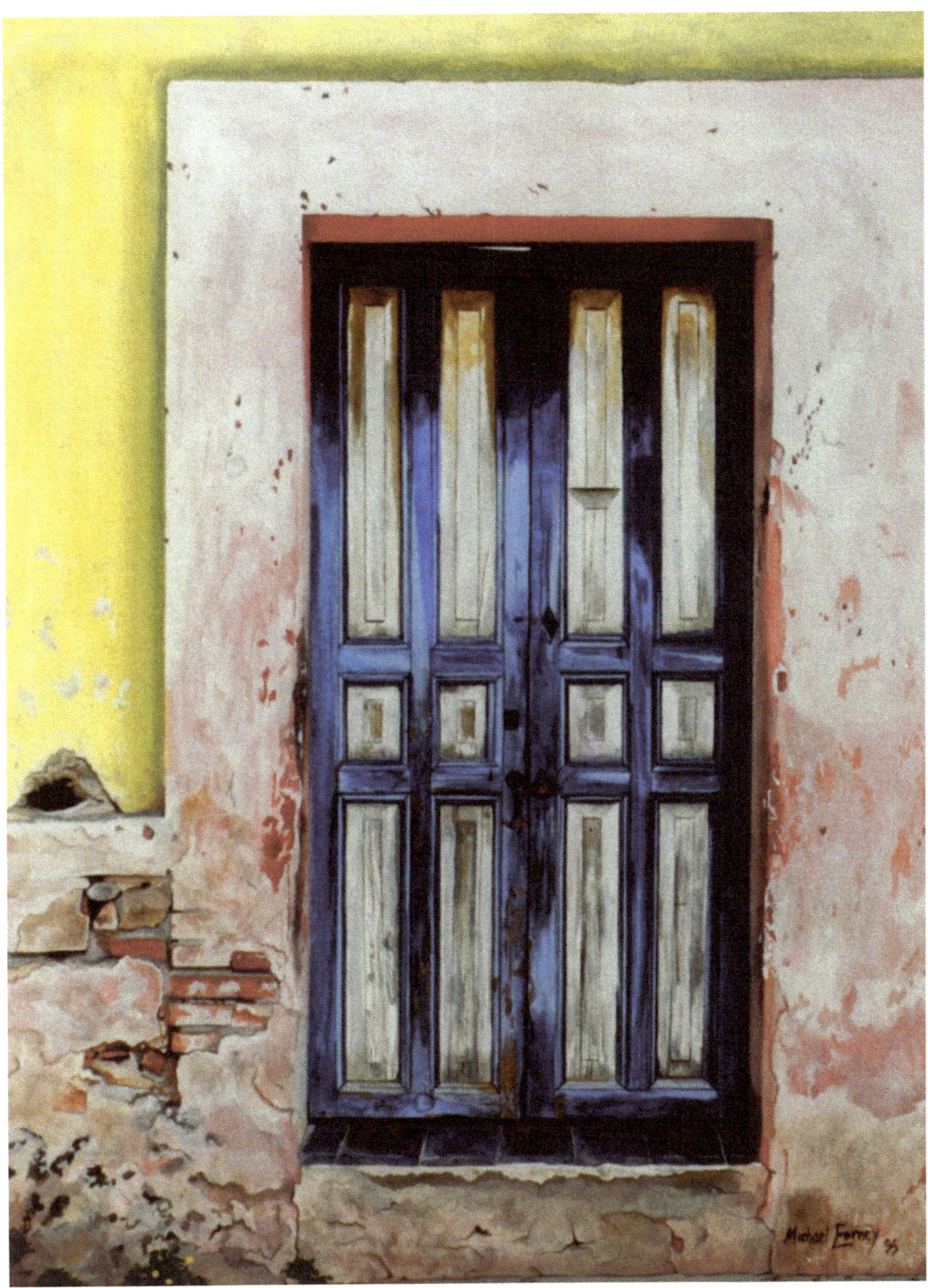

15. Turquoise Door #4 18"x 30"

One of my more "abstract" paintings, rectangles on rectangles. Age and weathering have almost taken over but, the turquoise door always stands out. In New Mexico, many doors are painted blue or turquoise blue. For the Puebloans, blue represents one of the sacred directions. The turquoise found in New Mexico is "turquoise blue", silver and turquoise jewelry is favored by all there. Painting the front door that color is thought to prevent evil spirits from entering and welcomes good spirits. Whether the practice was picked up by the Spanish settlers when they got to New Mexico or whether the idea is more widespread, I don't know but, you will certainly see plenty of turquoise doors in Mexico.

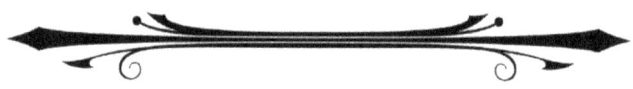

Este es uno de mis cuadros más "abstractos", siendo rectángulos sobre rectángulos. La edad y la intemperie casi se han apoderado de la puerta, pero la puerta turquesa siempre resalta. En Nuevo México, muchas puertas están pintadas de azul o azul turquesa. Para los residentes de Nuevo México el azul representa una de las direcciones sagradas. La turquesa que se encuentra en Nuevo México es "azul turqués", la joyería de plata y turquesa es favorecida por todos allí. Se cree que pintar la puerta de entrada de ese color impide que entren los malos espíritus y da la bienvenida a los buenos. No estoy seguro si esta práctica fue adoptada por los colonizadores españoles cuando llegaron a Nuevo México o si la idea está más extendida, lo cierto es que se ven muchas puertas de color turquesa en México.

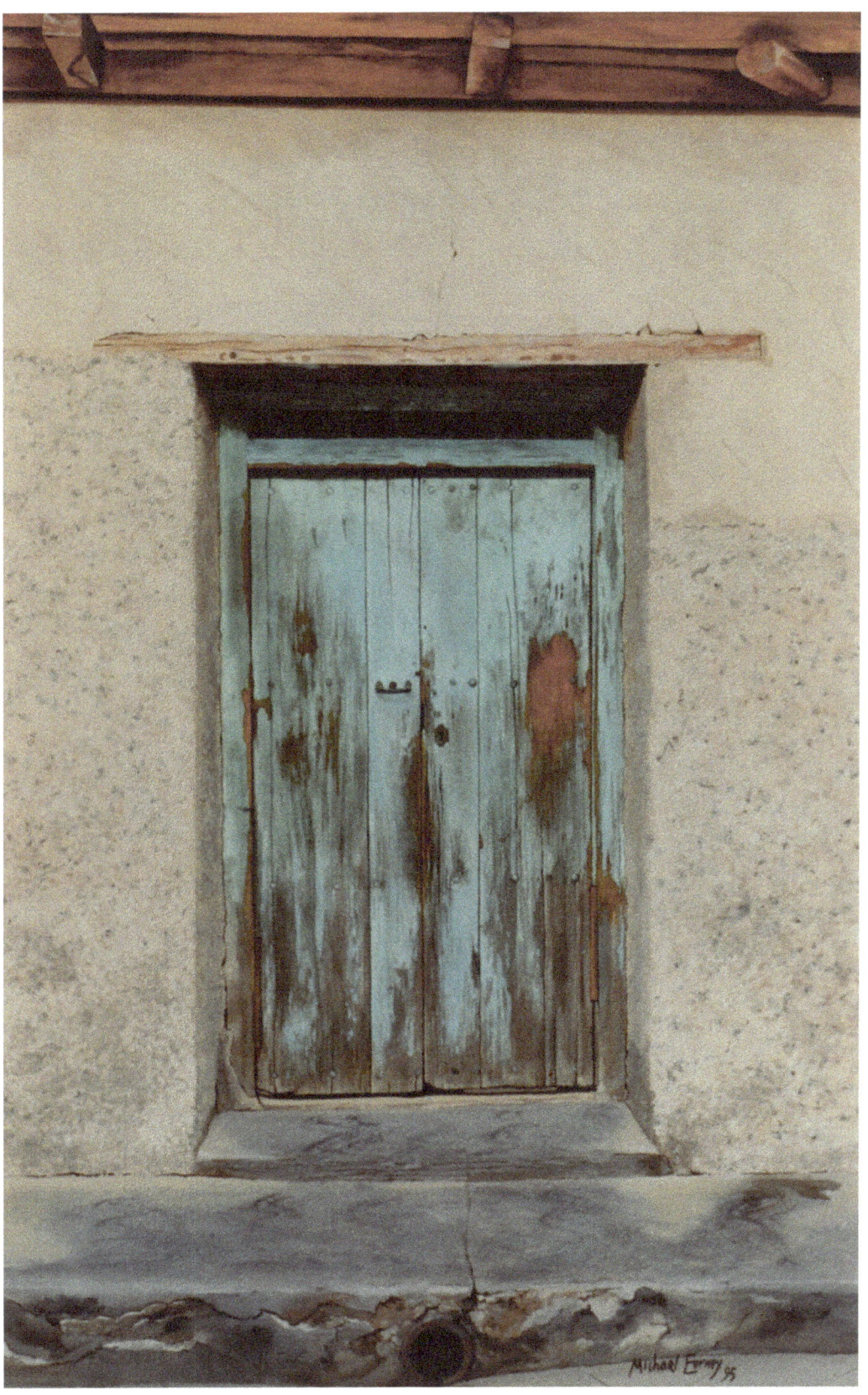

Michael Erny '95

16. Calle Felipe Flores #59 271/2"x 30"

These days in San Cristóbal colorful, freshly painted walls and doorways are more the norm, tourism and better living conditions have given residents the ability to clean things up. Back in the 1990s when I was there, rebellion was in the air; seeing the conditions under which the indigenous people lived, I wondered why they hadn't already revolted. So, 59 Calle Felipe Flores stood out somewhat, it had a clean, Japanese simplicity to it that I really liked. Jose Felipe Flores was born in San Cristóbal in 1751 before it was San Cristóbal and was still part of Guatemala. He studied medicine in the capital of Guatemala, Santiago de los Caballeros, which is now Antigua. He is considered the founding father of medical education in Guatemala and Central America. He was appointed the first legal doctor in Guatemala then, thanks to his medical skills he became the personal physician to the King of Spain. He died in Madrid, Spain in 1824.

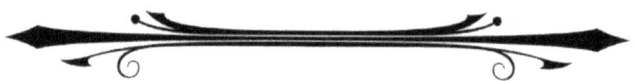

Hoy en día, en San Cristóbal lo más común son paredes y portales de colores llamativos recién pintados. El turismo y las mejores condiciones de vida han permitido a los residentes hacer remodelación. En los años 90, cuando estuve allí, la rebelión estaba en el aire; viendo las condiciones en las que vivían los indígenas, me preguntaba por qué no se había emprendido antes una rebelión. Por eso, la calle Felipe Flores 59 destacaba un poco. Tenía una sencillez limpia y japonesa que me gustó mucho. José Felipe Flores nació en San Cristóbal en 1751, antes de que fuera San Cristóbal y aún formara parte de Guatemala. Estudió medicina en la capital de Guatemala, Santiago de los Caballeros, actualmente la ciudad de Antigua. Se le considera el padre fundador de la educación médica en Guatemala y Centroamérica. Fue nombrado el primer médico legal de Guatemala y luego, gracias a sus conocimientos médicos, se convirtió en el médico personal del Rey de España. Murió en Madrid, España, en 1824.

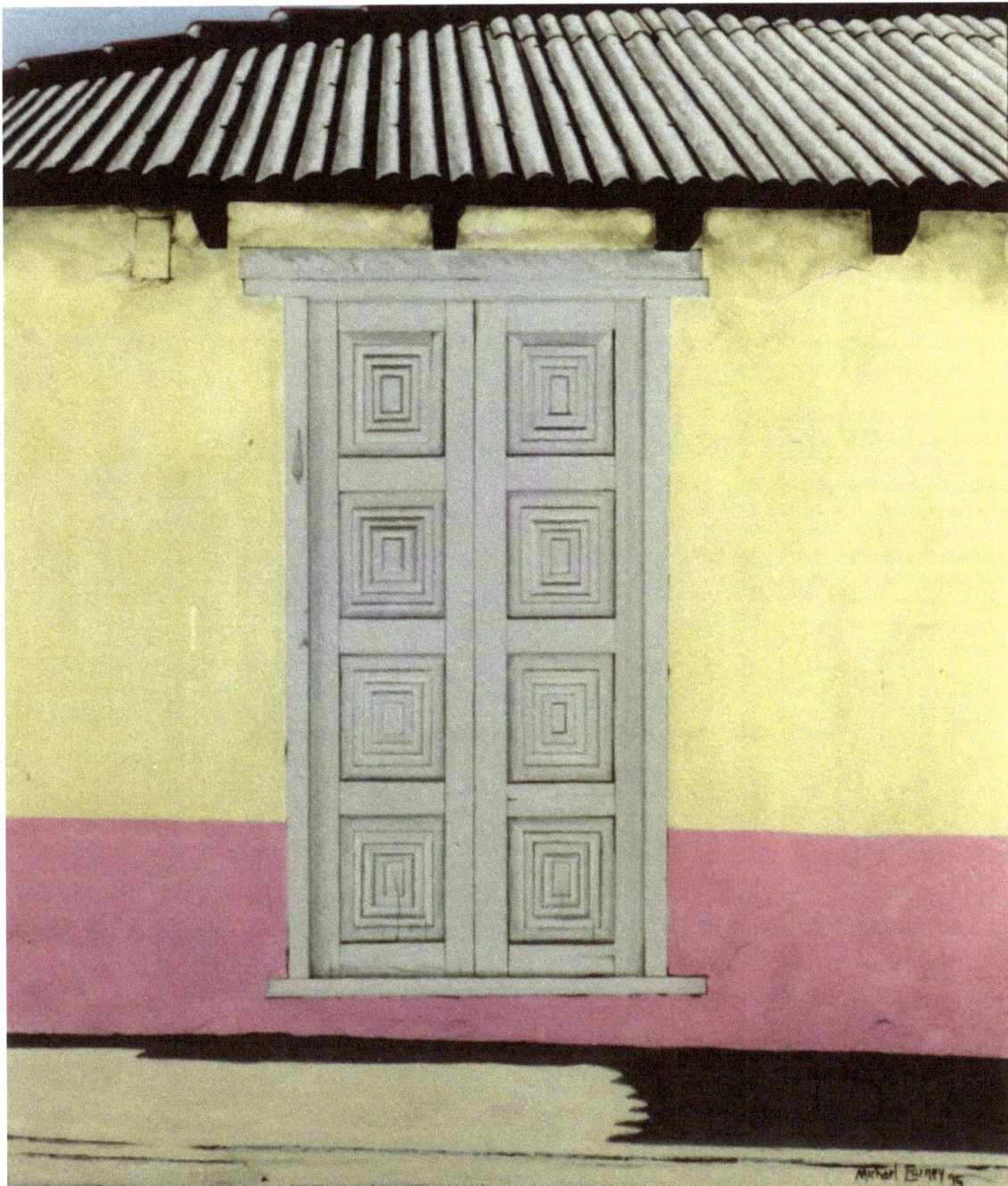

17. Calle Real de Guadalupe (Cárdenista) 211/2"x31"

Guadalupe is a unisex name but, even though there is a Guadalupe River, Guadalupe mountains, and any number of other things named Guadalupe, it is most often associated with Our Lady of Guadalupe. Juan Diego, an Aztec convert to Catholicism, insisted that the Virgin Mary had told him she wanted a church built for her. The Basilica of Guadalupe in Mexico City was built and houses a statue of Mary that attracts millions of devotees. There was a brown-skinned Virgin of Guadalupe in Spain before the one that appeared to Juan in Mexico, in fact, Christopher Columbus named the island of Guadalupe in the Caribbean for her, believing that she had saved his fleet from a storm when it was on its way to the New World. Although it is still in debate, it is said that Guadalupe derives from an Arabic word meaning, 'valley of the wolf.'

The torn Cárdenista poster shows that even though Lázaro Cárdenas del Rio, President from 1934-1940 was no longer around, Cárdenismo, which gave rise to many reforms and improvements in the lives of ordinary Mexicans, was still very much alive.

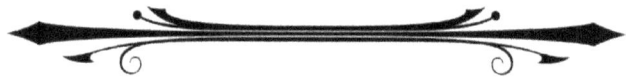

Guadalupe puede ser tanto nombre de hombre como de mujer, pero, aunque hay un río Guadalupe, montañas Guadalupe y un sinfín de cosas que se llaman Guadalupe, se suele asociar con Nuestra Señora de Guadalupe. Juan Diego, un azteca convertido al catolicismo, insistía en que la Virgen María le había dicho que quería que se construyera una iglesia para ella. Se construyó la Basílica de Guadalupe en la Ciudad de México, que alberga una estatua de María que atrae a millones de devotos. Hubo una Virgen de Guadalupe de piel morena en España antes de la que se le apareció a Juan en México. De hecho, Cristóbal Colón nombró la isla de Guadalupe en el Caribe en su honor, creyendo que había salvado a sus barcos durante una tormenta cuando se dirigía al nuevo mundo. Aunque todavía se sigue debatiendo, se dice que "Guadalupe" deriva de una palabra árabe que significa "valle del lobo".

El poster desgarrado muestra que Lázaro Cárdenas del Río, presidente de México de 1934-1940, ya murió hace mucho tiempo, dio lugar a muchas reformas y mejoras en la vida de los mexicanos y su memoria seguía muy vivo.

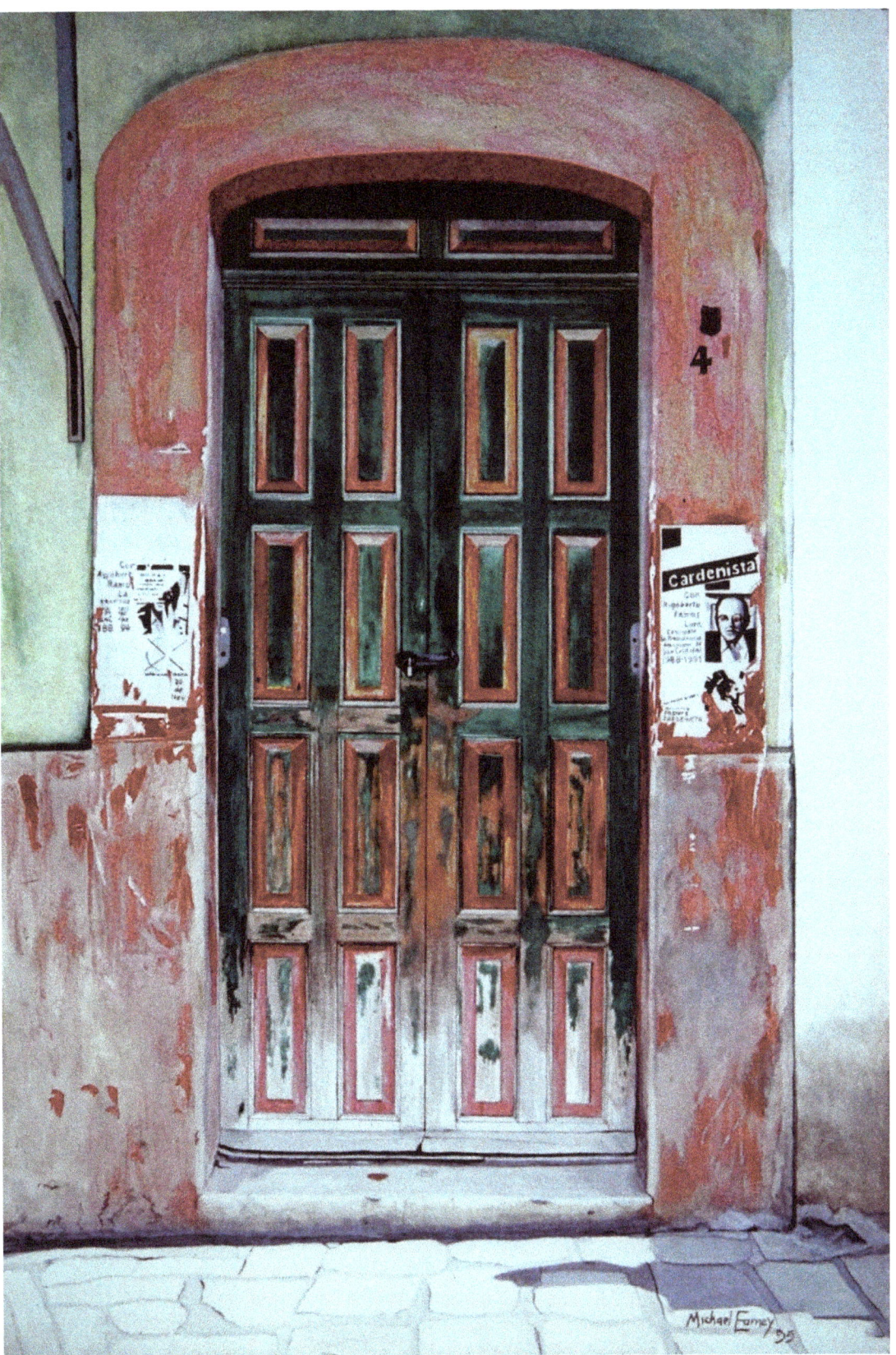

Michael Earney '95

18. 20/20 24"x37"

It seems I didn't write down the name of the street twenty/twenty was on, perhaps I couldn't find it. The owner of the house may have felt that in case one couldn't see the tile, embedded in the wall, the twenty above the door would let you know where you were. I'm sorry to say that the colors of the Bougainvillea in the original painting I made have faded some. I went half in on the cost of the painting with the groom who wanted it as a wedding present for his bride-to-be, who was a friend of mine. It still looks good where it hangs in the house, twenty-seven years later. It's the bride's favorite wedding present.

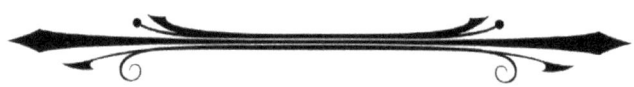

Parece que no anoté el nombre de la calle en la que se encontraba la casa con dirección de 20/20, o quizá no la encontré. Puede que el dueño de la casa pensara que en caso de que uno no pudiera ver el azulejo, incrustado en la pared, el veinte sobre la puerta le permitiría saber dónde estaba. Lamento decir que los colores de la bugambilia en el cuadro original que hice se han desvanecido un poco. Compartimos el precio del cuadro yo y el hombre prometido de una mujer que es amiga mía y que quería este cuadro como regalo de boda. Todavía se ve bien donde está colgado en la casa, veintisiete años después. Es el regalo de boda favorito de la novia.

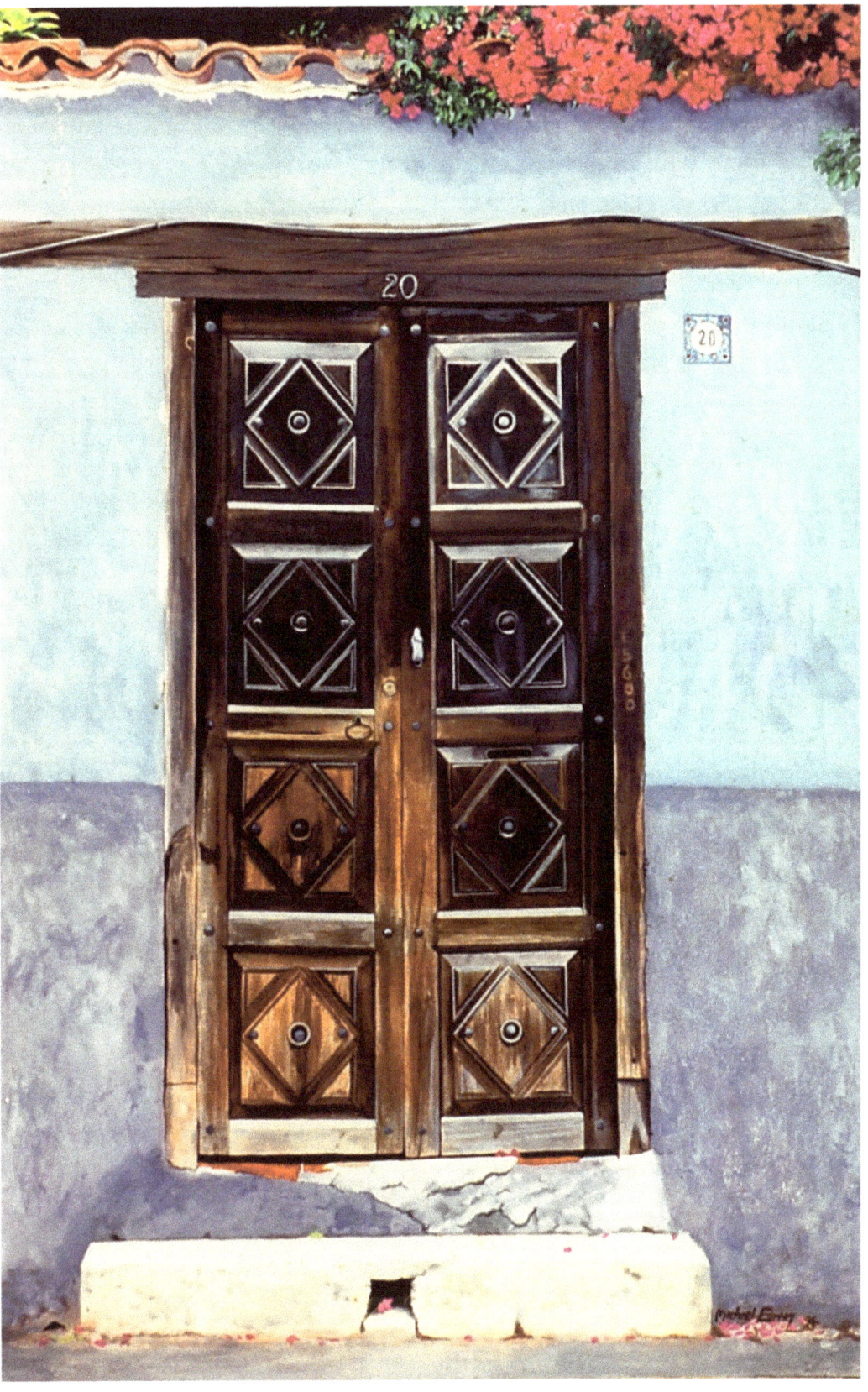

19. Carts and Door #9 32"x48"

We have seen elsewhere, in "Turquoise Door", that turquoise blue has a special significance but why stop with the door? Why not everything you own? Walls, windows, carts, and the door, invite those good spirits into everything. There may have been a sale of outdated, "sell by" paint, who knows, or it's just that exuberance for color seen throughout Mexico showing itself. It certainly makes walking down the street a happier experience, at the same time keeping those evil spirits at bay.

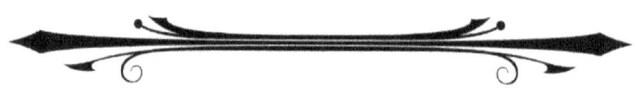

Hemos visto en otra descripción ("Puerta turquesa") que en el azul turqués hay un significado especial, pero ¿por qué pintar solo la puerta? ¿Por qué no todo lo que hay? Las paredes, las ventanas, los carros, además de la puerta, y así invitar a los buenos espíritus a entrar en todo. Puede que haya habido una venta de pintura anticuada, o simplemente, es la exuberancia que existe por el color que se ve en todo México. Lo seguro es que hace que el caminar por la calle sea una experiencia verdaderamente feliz, al mismo tiempo que mantiene alejados a los malos espíritus.

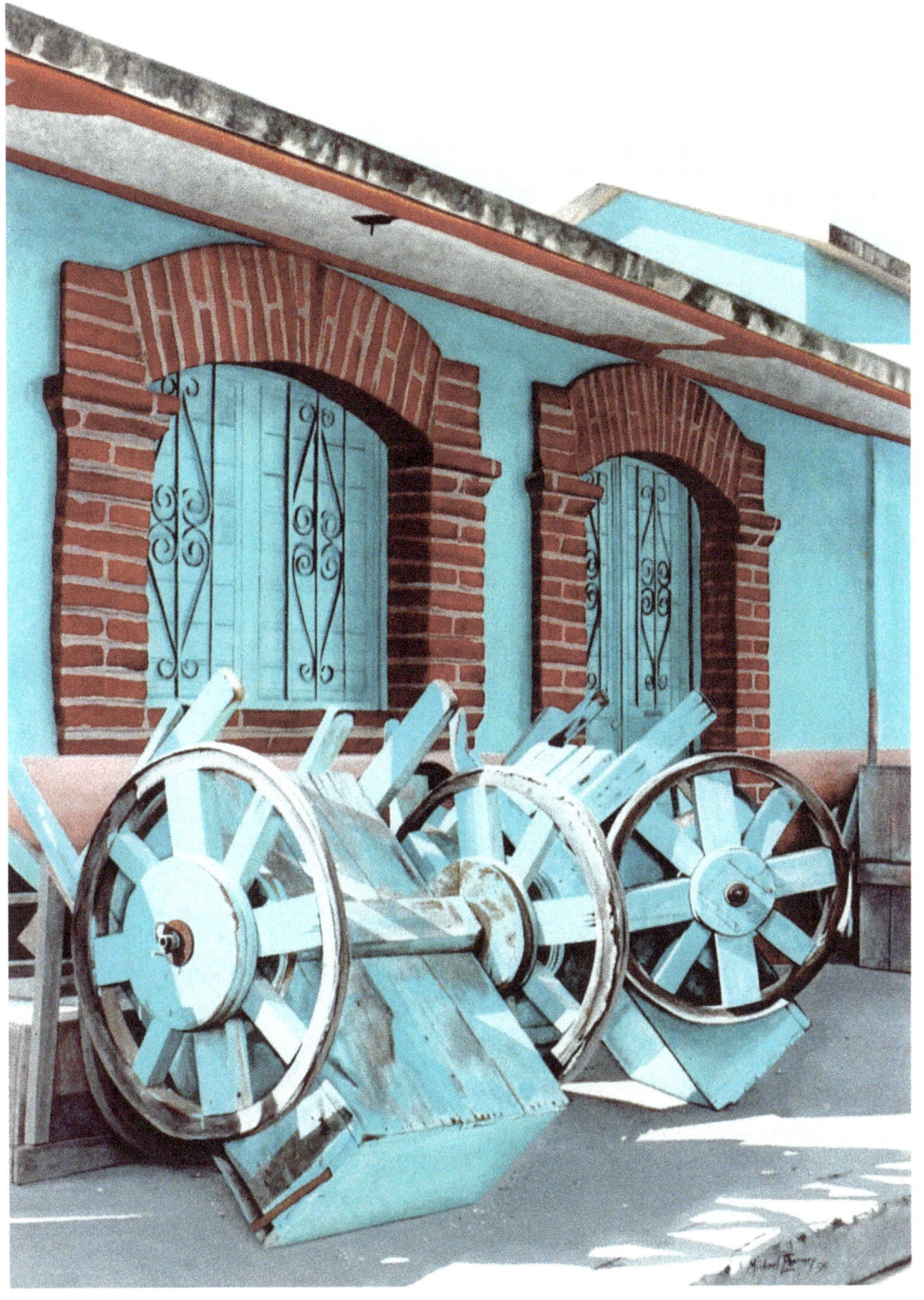

20. Calzada de la Quinta 24"x37"

Many of the streets in San Cristóbal are one way, never meant for cars and trucks when originally built, (they hadn't been invented yet.) generally, there are pavements on both sides so, you can walk with the traffic or against it. Calzada means; causeway, or paved highway, (calzado means, shod or having footwear.) Quinta/quinto means, fifth, but Quinta can also mean, country house or villa. I'm pretty sure there was no villa behind that wall, but Calzada de la Quinta does go out of town so, perhaps it leads to a country villa or two. This wall attracted some lewd graffiti. Culo, means, buttocks, or ass. Caga can mean; to be "pissed off," annoyed, or frustrated. It can also mean, excrement, shit, crap. SOS-the conjugation of *ser* can take the place of *tu,* as such, it means, "you are." Put those together with the explicit drawings and you have a pretty nasty message for someone.

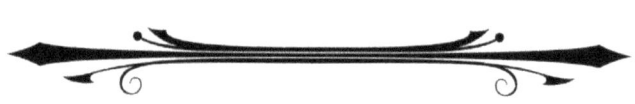

Muchas de las calles de San Cristóbal son de un solo sentido y las calles nunca fueron pensadas para coches y camiones cuando se construyeron originalmente (todavía no se habían inventado). Generalmente, hay aceras a ambos lados, por lo que se puede caminar con el tráfico o en contra del mismo. Estoy bastante seguro de que no había ninguna villa o quinta detrás de ese muro, pero la Calzada de la Quinta sí que sale de la ciudad, así que tal vez conduzca a una o dos villas de campo. Este muro atrajo algunos graffitis lascivos. La combinación de "culo" y "caga" junto estos con los dibujos explícitos y hace que el mensaje sea bastante desagradable para alguien.

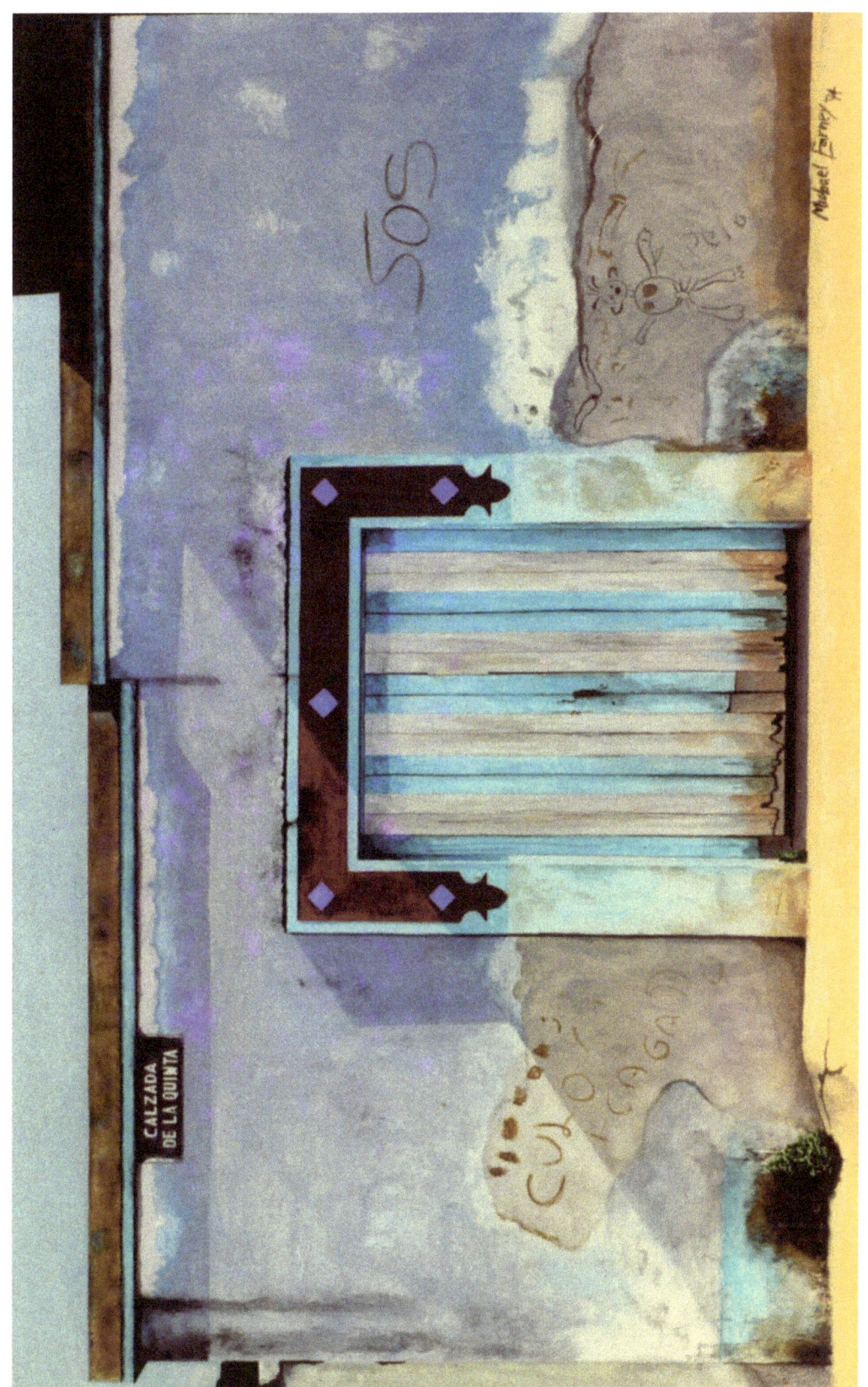

21. Calle Ejercito Nacional #55 (diptych) 63"x 48"

I took a photograph of these two matching doors then decided to do a painting of the one on the right, the marks on the wall above the door are the remains of house swallow nests that had been removed, making for what I thought was the more interesting of the two. That painting sold and I decided to make a painting of the two together, as photographed. At that size, on Masonite, I had to do them separately, making a diptych. It is clearly one image but, then one notices that the doorways were built to match but, not to be identical. No ready-made parts, bought at the local store were used, it's all constructed in situ, the door on the left is bigger, the arch is also bigger, each section handmade, definitely not straight from the factory.

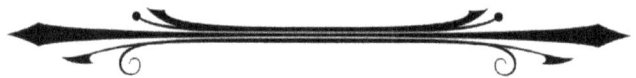

Tomé una fotografía de estas dos puertas que hacían juego y decidí pintar la de la derecha. Las marcas en la pared sobre la puerta son los restos de nidos de golondrinas domésticas que se habían quitado, por lo que pensé que era la más interesante de las dos. Ese cuadro se vendió y decidí hacer un cuadro de los dos juntos, tal como se fotografiaron. A ese tamaño, en *masonite*, tuve que hacerlos por separado, formando un díptico. Es claramente una sola imagen, pero uno se da cuenta de que las puertas se construyeron para que coincidieran, pero no para que fueran idénticas. No se utilizaron piezas ya hechas, compradas en alguna tienda local. Todo fue construido allí mismo en el lugar de la casa. Se nota que la puerta de la izquierda es más grande y el arco es también más grande. Cada sección se hizo a mano, y definitivamente no viene directamente de una fábrica.

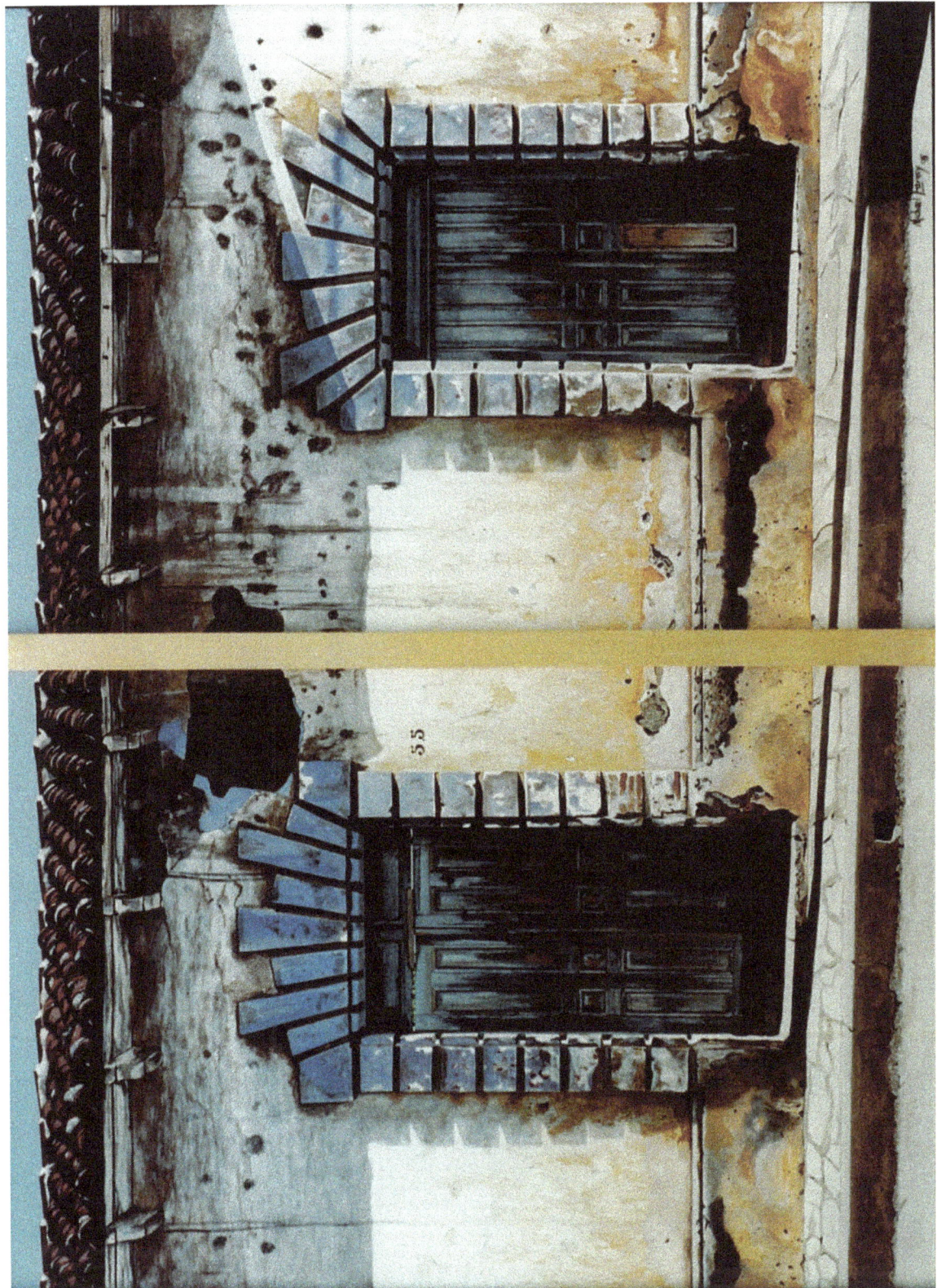

22. Calle Ejercito Nacional, Bis Jardín 361/2"x21"

Back on Ejercito Nacional, Bis Jardín was the name of this site, where I saw that I don't recall. Bis- twice, repeated, encore! Before a vowel: bisabuelo, great-grandfather. I really liked the contrast of the "before" and "after" of this wall which turns out to be highly appropriate. Do that again, repeat what happened, encore, encore! Maybe they ran out of paint, maybe half belongs to someone else or, perhaps, the job will be finished next week. Jardín is garden in Spanish, and it would appear there is a lush garden behind the wall, perhaps twice the garden of their neighbor. I also really like the combination of the pink and turquoise on the door. Bis!

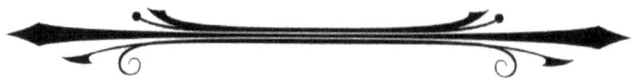

De vuelta en Ejercito Nacional, "Bis Jardín" era el nombre de este lugar. No me acuerdo dónde vi que así se llamaba. Bis- significa "dos veces" o "repetido". Por ejemplo, antes de una vocal: bisabuelo. Me gustó mucho el contraste del "antes" y el "después" de este muro que resulta muy apropiado. Hazlo otra vez, repite lo que pasó, ¡bis, bis! Quizá se quedaron sin pintura, o quizá la mitad pertenece a otra persona o, posiblemente, el trabajo estará terminado la semana que viene. "Jardín" a lo mejor hacer referencia a un exuberante jardín detrás del muro, o quizá fuera el doble del tamaño de su vecino. También me gusta mucho la combinación del color rosado y turqués en la puerta. ¡Bis!

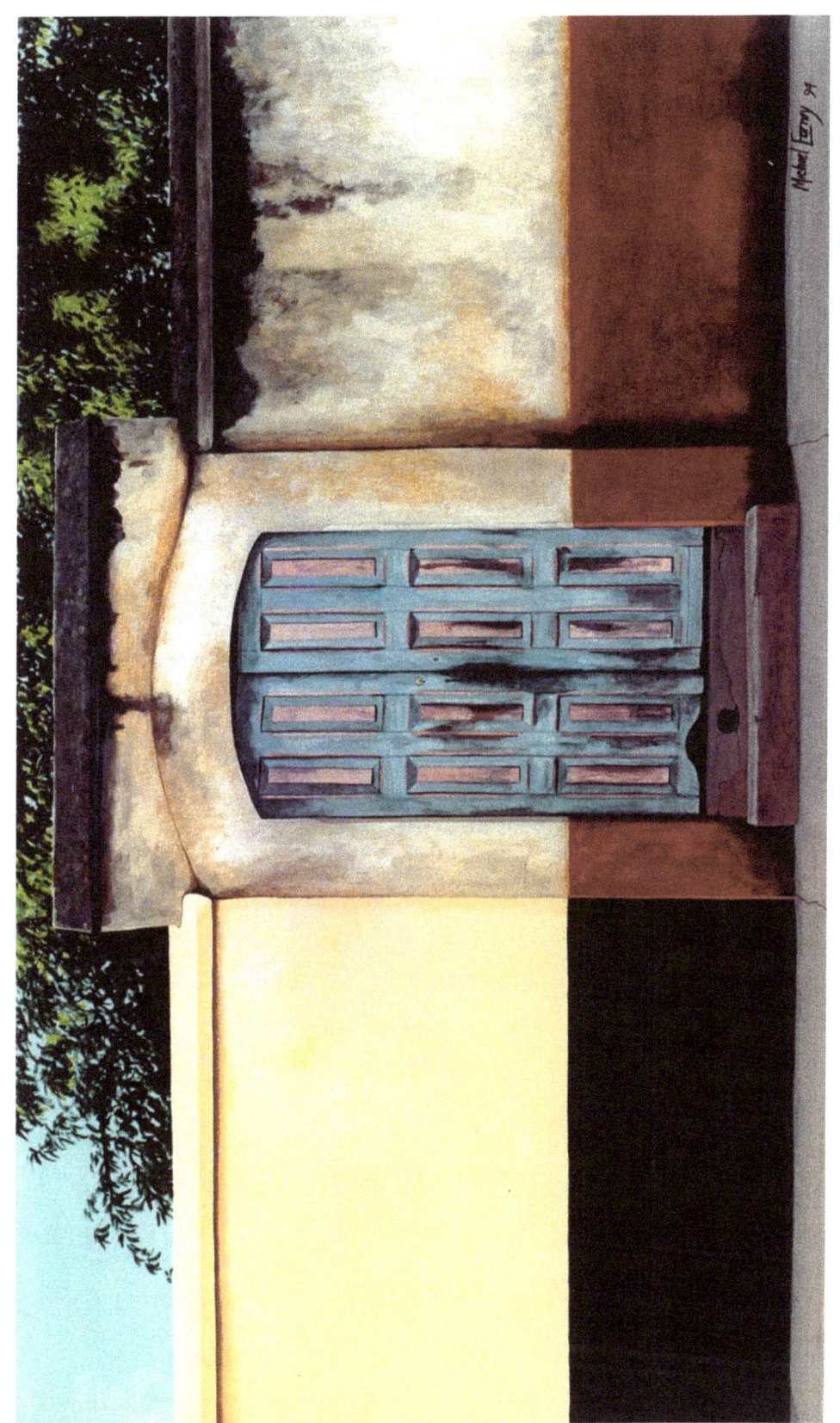

23.Pebble Wall (Valladolid) 26"x32"

During the painting of this series, I took a trip to the Yucatán, on the way back I stopped in Valladolid a city favored by tourists visiting Chichen Itza and Ek' Balam. I mostly remember lines of tour buses and tourists milling around trying to decide which restaurant to eat at. I arrived early in the afternoon, checked into a hotel, and took a walk around. Pebble wall caught my eye and I marveled at the thousands of pebbles embedded in the wall by hand, then plastered over. The result of cheap labor rather than any labor of love. The Spanish built the city on top of the Mayan city they demolished, using the remains for their own buildings. The Mayan revolt that followed was violently put down and I don't doubt that many of the Maya were used as forced labor to construct the new city.

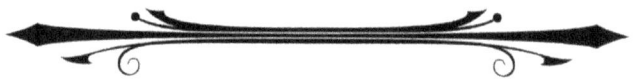

Mientras trabajaba en las pinturas de esta serie, hice un viaje a Yucatán. En el camino de regreso me detuve en Valladolid, una de las ciudades favoritas de los turistas que visitan Chichen Itza y Ek' Balam. Recuerdo sobre todo colas de autobuses turísticos y turistas confusos intentando decidir en qué restaurante comer. Llegué a primera hora de la tarde, me registré en un hotel y di un paseo por los alrededores. Me llamó la atención un muro de piedras y me asombraron los miles de piedras que se habían incrustadas en la pared a mano, enyesadas posteriormente. Era el resultado de una mano de obra barata más que de un trabajo de amor. Los españoles construyeron Valladolid sobre la ciudad maya que demolieron, aprovechándose de los restos para construir sus propios edificios. La rebelión maya que siguió fue reprimida violentamente y no dudo de que muchos de los mayas fueron empleados como mano de obra forzada para construir la nueva ciudad.

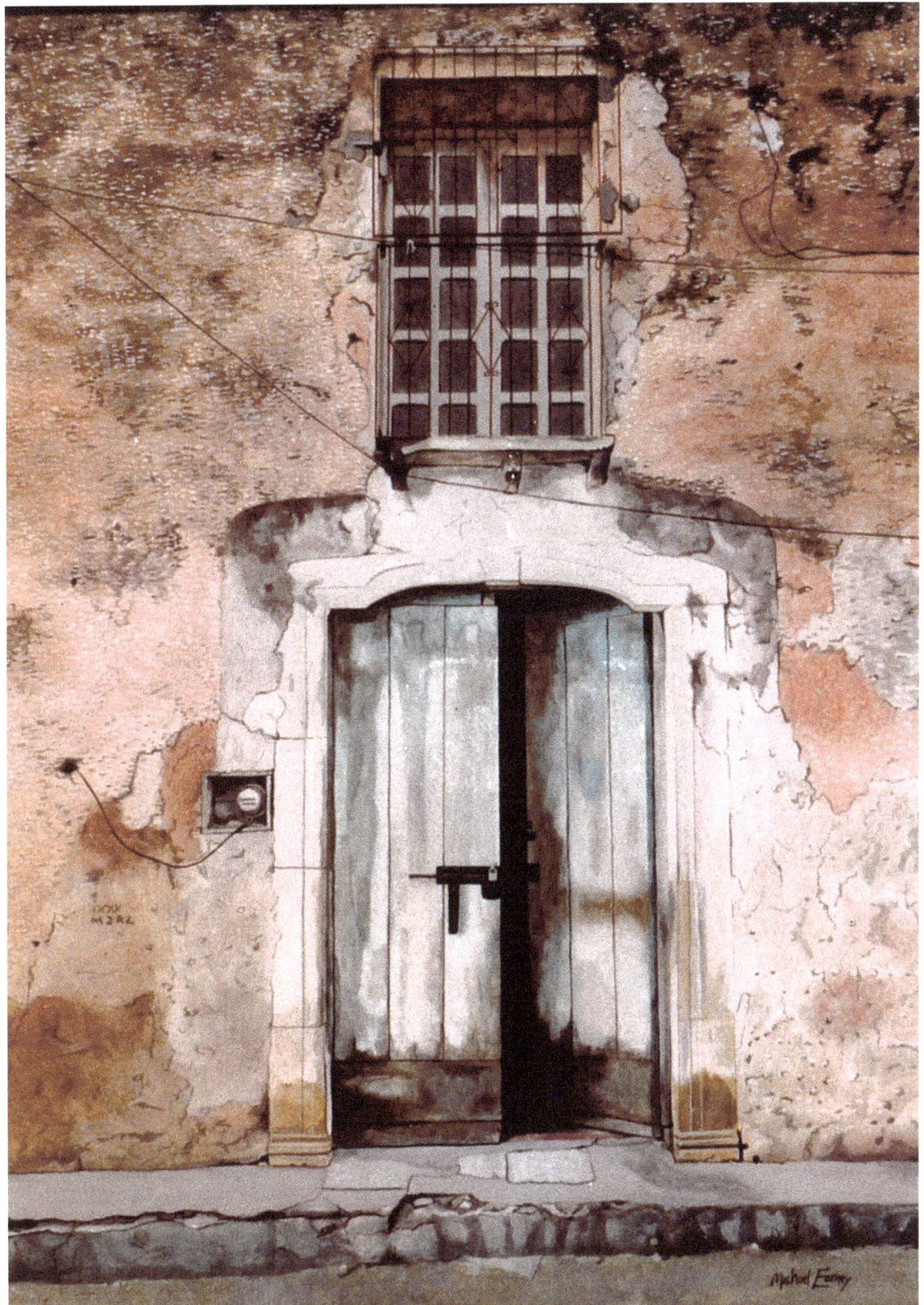

24. La Guitara (Valladolid) 351/2"x48"

On another street in Valladolid, as I walked along, I glanced across the road, but kept going, thinking it might be too intrusive of the owner's privacy to take a picture, there were many people on the street then, and I didn't want to come across as another heedless foreign tourist, then I thought, no, I have to get that, went back and snapped la guitara. Too good to pass up. These foreign tourists!

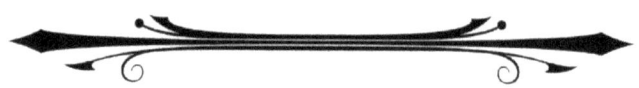

En otra calle de Valladolid, mientras caminaba, miré hacia el otro lado de la calle y vi la guitarra, pero seguí hacia adelante pensando que podría ser demasiado intrusivo para la privacidad del propietario tomar una foto. Había mucha gente en la calle en ese momento, y no quería dar la impresión de ser otro turista extranjero imprudente más. Pero luego pensé que no podía dejar pasar esa imagen, así que volví y tomé la foto de la guitarra. Era demasiado bueno para dejarlo pasar. ¡Malditos turistas extranjeros!

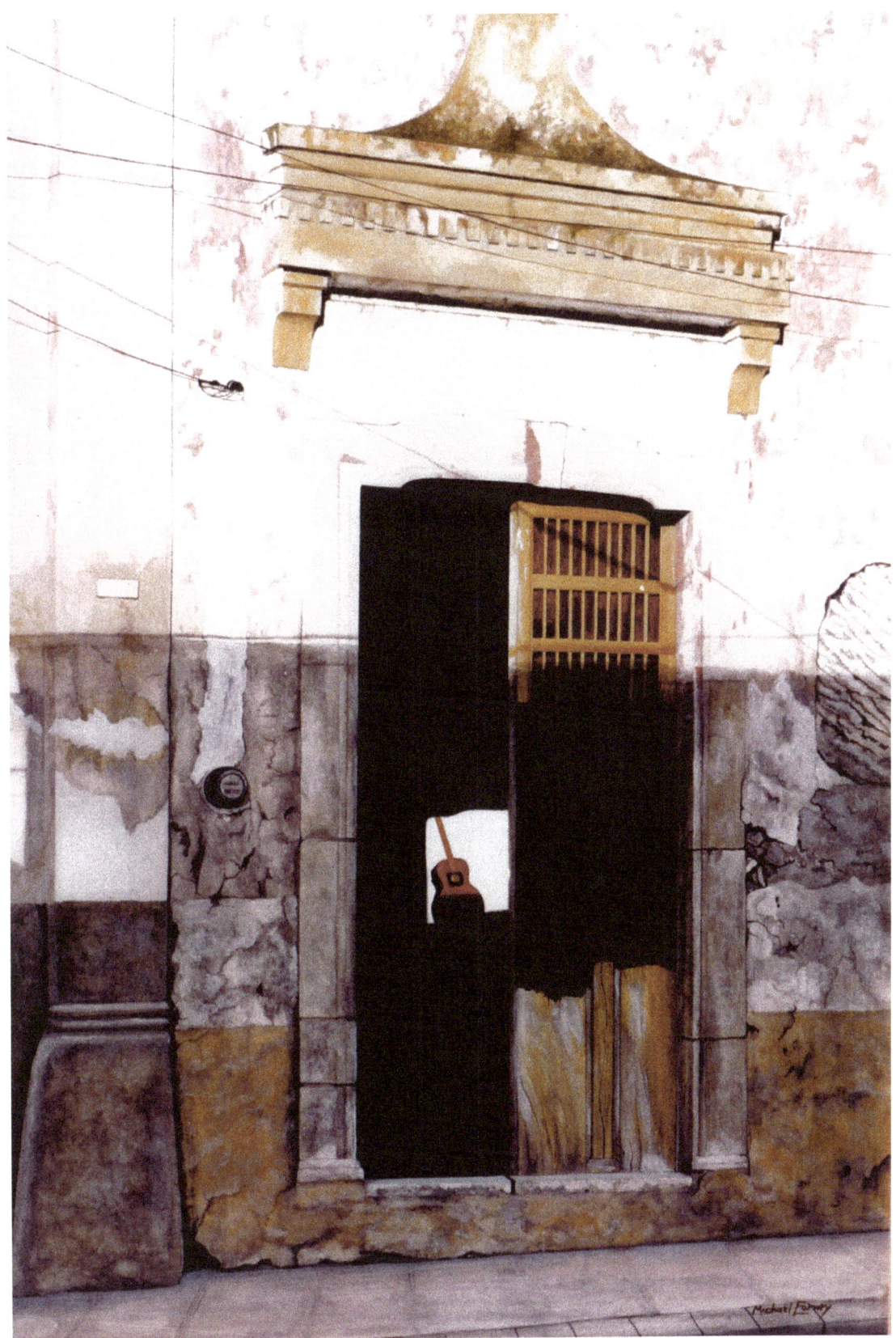

25. Pan Dulce Man (Valladolid) 48"x32"

Not a particularly interesting doorway, unless you are looking to buy a house (SE VENDE ESTA CASA - this house for sale) but the Pan dulce man always draws attention; road vendors are a common feature of Mexican towns, and their regular arrival saves busy housekeepers from having to go to the store for small items. The mother lets her child choose what cake he would like from the variety in the tub and the vendor will hand it to the child. I restrained myself and waited until dinner time.

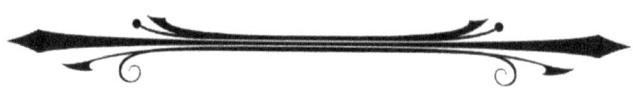

No se trata de un portal especialmente interesante, a menos que se quiera comprar una casa, como indica el letrero. Pero el hombre que vende pan dulce siempre llama la atención; los vendedores ambulantes son una característica común de las ciudades mexicanas, el llegar siempre a la misma hora es una ayuda para las amas de casa que están ocupadas, así no tienen que ir a la tienda a comprar las cosas básicas. La madre deja que su hijo elija cuál pastel le apetece de la variedad que hay y el vendedor se lo entrega. Compré un pan, pero me contuve hasta la hora de cenar para comerlo.

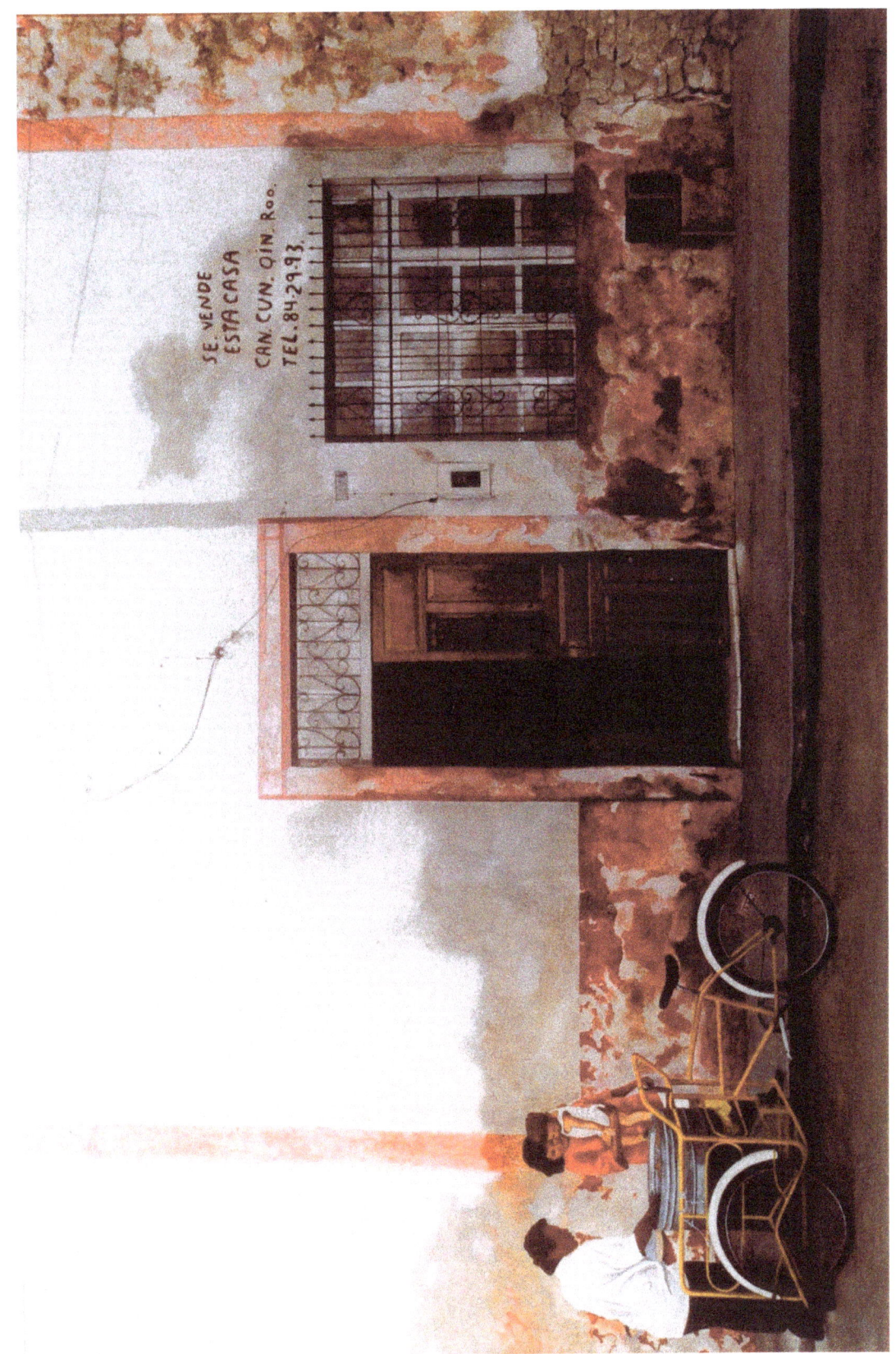

26. Lady with shopping bag (Pastel on paper) 18"x24"

I couldn't decide whether this door warranted a photo, I liked the combination of all the different surfaces in the wall, the contrast with the wall next door, and the dodgy wiring job. It was only when the lady with her shopping bag walked into the shot that it all came together: no household is complete without at least one of those bags. This is the only pastel drawing in the whole collection.

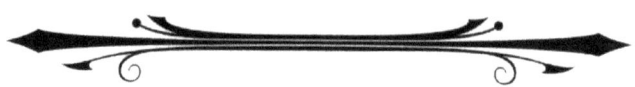

No podía decidir si esta puerta merecía una foto. Me gustaba la combinación de todas las diferentes superficies de la pared, el contraste con la pared de al lado, y los alambres torcidos. Pero sólo fue hasta cuando la señora con su bolsa de compras entró a escena que todo cobró sentido: no hay ningún hogar mexicano en que falte al menos una de esas bolsas. Este es el único dibujo en pastel de toda la colección.

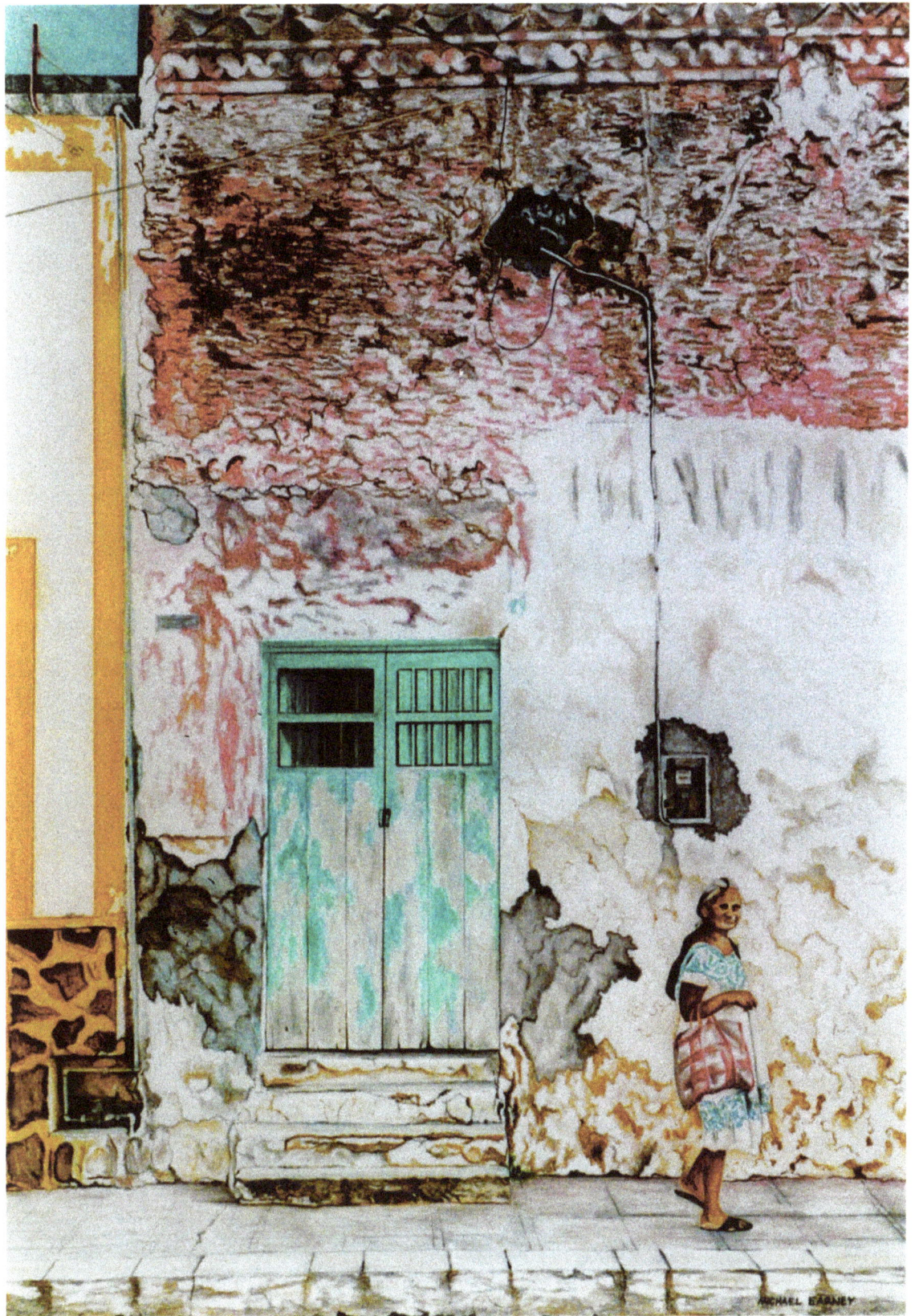

27. Six Locks 24"x32"

I don't know if the buildings on the street where I found myself were shut down for safety reasons, perhaps scheduled for demolition, or simply turned into storage units? They didn't seem particularly secure and the owner of this one apparently wasn't taking any chances.

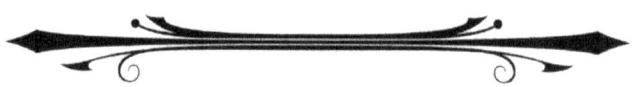

No sé si los edificios de la calle en la que me encontraba estaban cerrados por motivos de seguridad, tal vez programados para ser demolidos o simplemente convertidos en almacenes. No parecían especialmente seguros, y el propietario de este no quería correr riesgos.

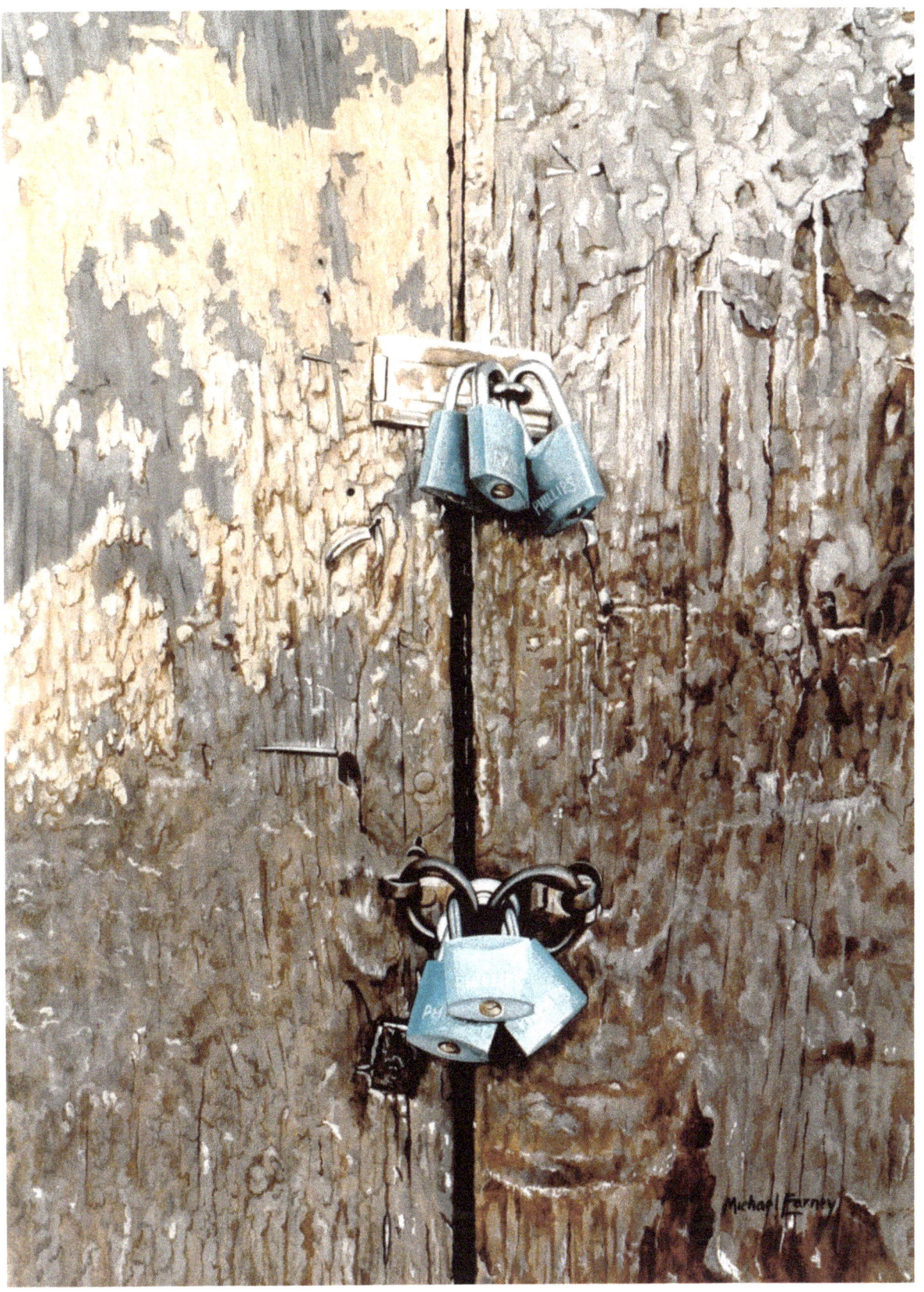
Michael Ferney

28. Turquoise turning pink. 24"x32"

The turquoise, pink combination seems to be a favorite no matter where in Mexico you happen to be. One padlock appears to have been considered enough here, perhaps relying on the turquoise to keep any evil intent at bay

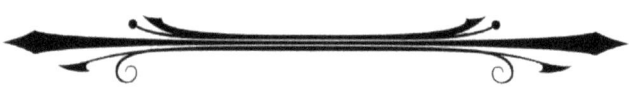

La combinación de turquesa y rosa parece ser la preferida en cualquier parte de México. Al parecer, se consideraba que solo un candado era suficiente para esta puerta, tal vez confiando en que el color turqués podría alejar cualquier mala intención.

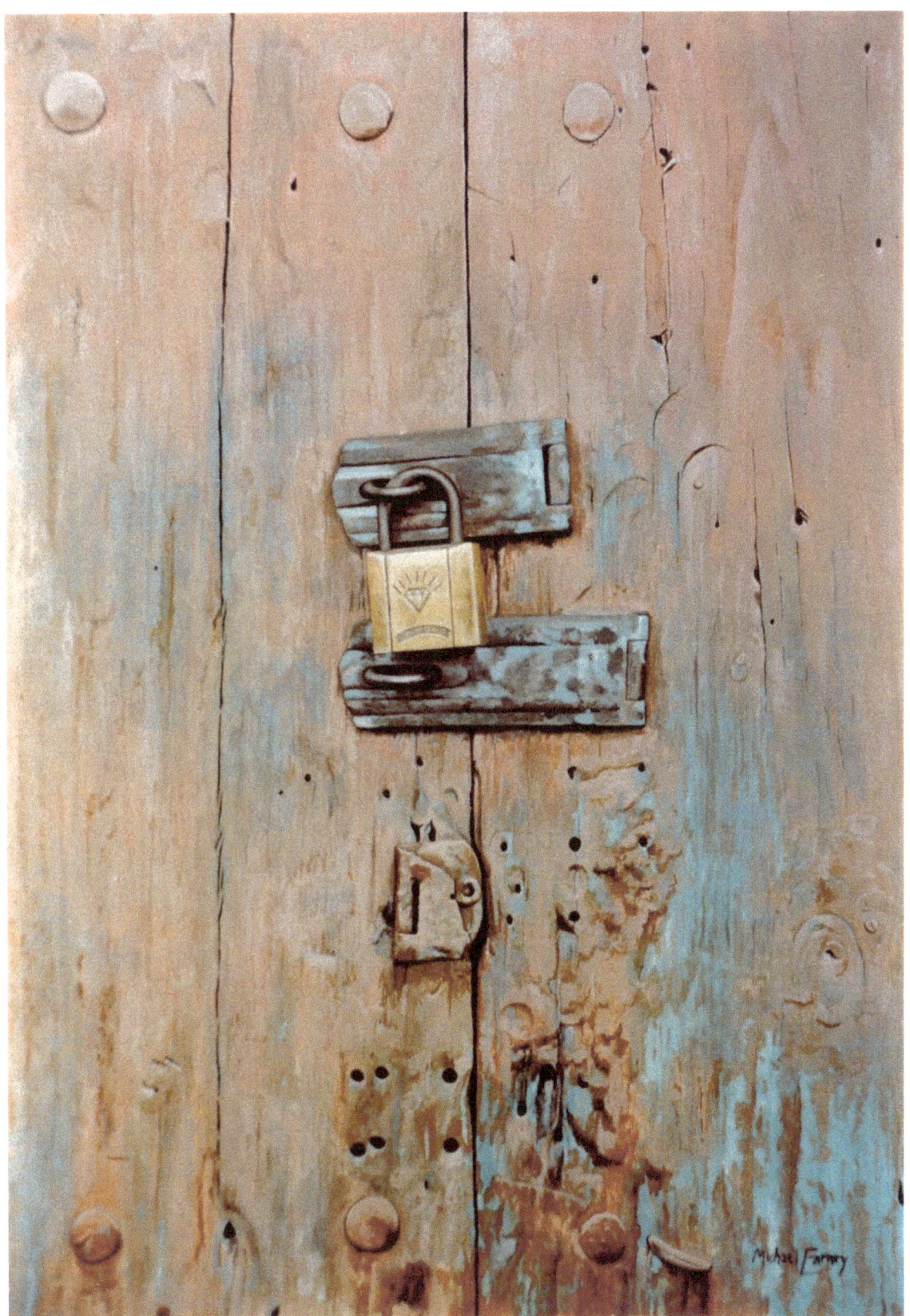

Michael Farrary

29. White, Black, and Grey 16"x24"

Here the bolt is not in the closed position and the padlock is not in use, definitely dark inside. Maybe there is nothing in there worth locking up. (The allusion may be a bit of a stretch but, James Abbott McNeill Whistler's painting of his mother is entitled, "Arrangement in Grey and Black No.1".)

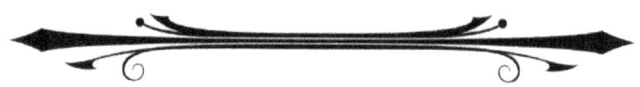

Aquí el cerrojo no está en la posición cerrada, el candado no está en uso, y definitivamente está oscuro por dentro. Tal vez no haya nada aquí adentro que merezca estar guardado bajo llave. (La alusión puede ser un poco exagerada, pero el cuadro de James Abbott McNeill Whistler sobre su madre se titula "Arreglo en gris y negro nº 1").

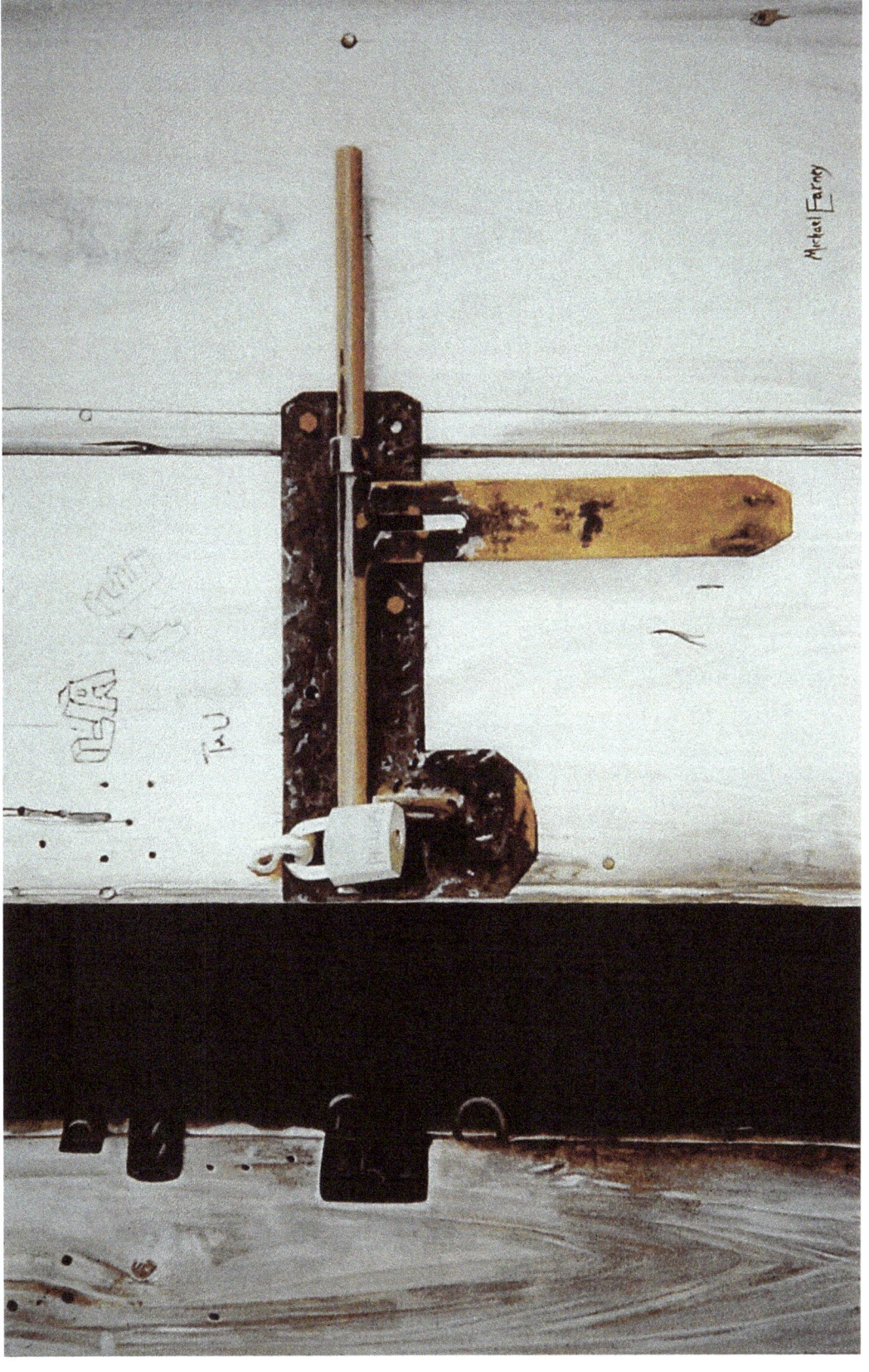

30. Two ring shadow 16"x24"

The setting sun, low in the West, dramatically throws the shadows of those rings across the panels, but doesn't there also appear to be the shadow of the lock that once connected the two rings as well? Is it just the ethereal memory of when locking those doors had been important and necessary?

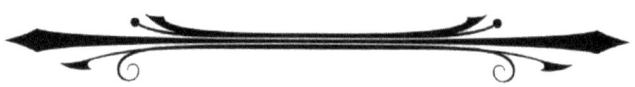

El sol poniente, bajo en el oeste, proyecta dramáticamente las sombras de esos anillos a través de los paneles, pero ¿no parece haber también la sombra de la cerradura que una vez conectó los dos anillos? ¿O es sólo el recuerdo etéreo de cuando cerrar esas puertas había sido importante y necesario?

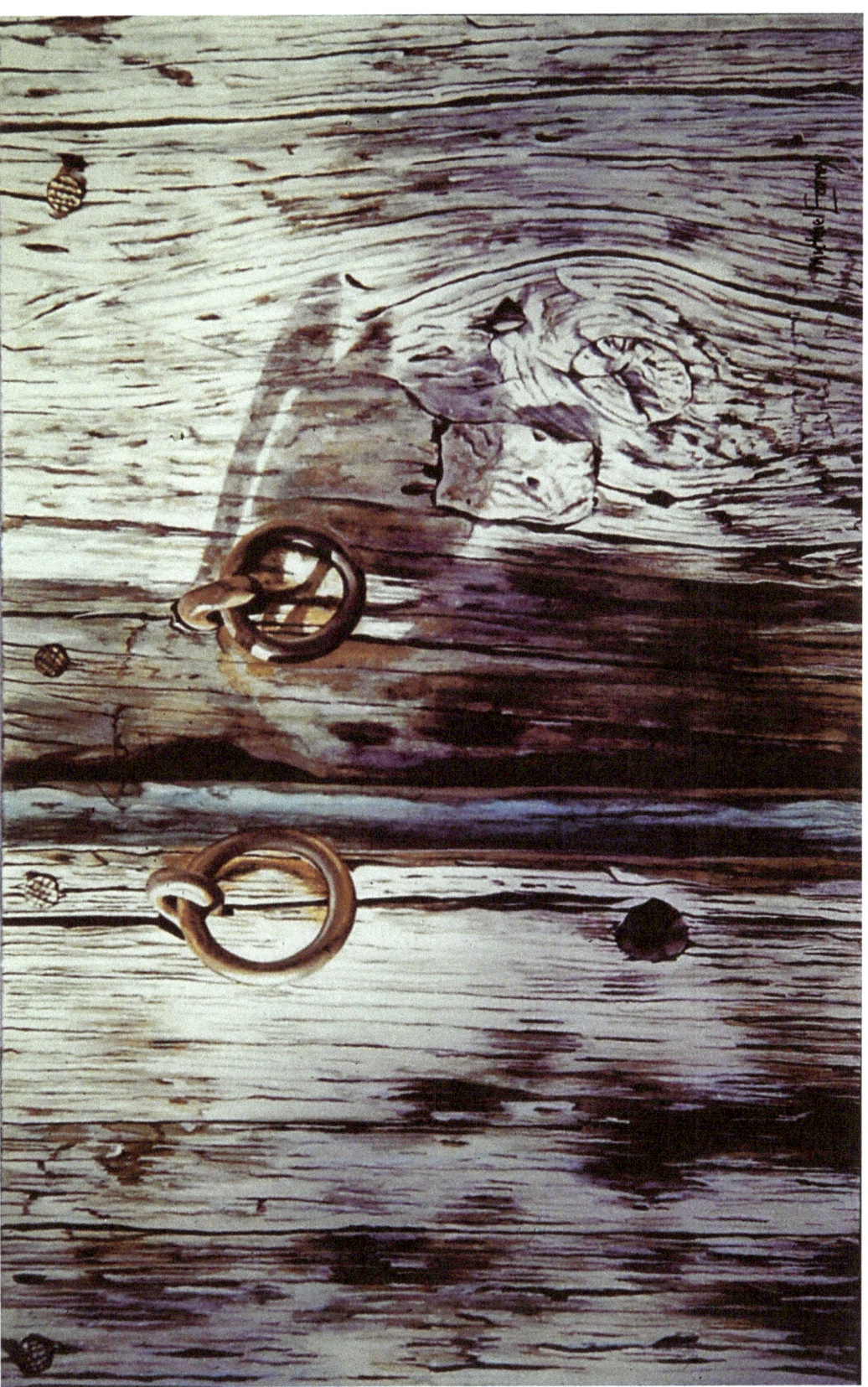

31. Modelo 112 16"x24"

Simple fact: The Phillips model number 112, as good as it may be, is only going to be effective if the rings on the doors are both in place. Perhaps there was a break in, or the owner lost his keys and had to break in himself. Either way, it seems it is no longer important to lock that door.

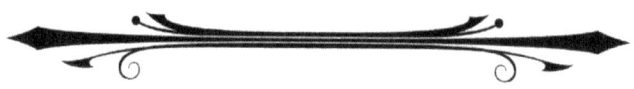

El modelo Phillips 112, por bueno que sea, sólo va a funcionar si están bien puestos los anillos de las puertas. Tal vez hubo un robo, o el propietario perdió las llaves y tuvo que forzar la puerta él mismo. De todos modos, parece que ya no es importante cerrar esa puerta.

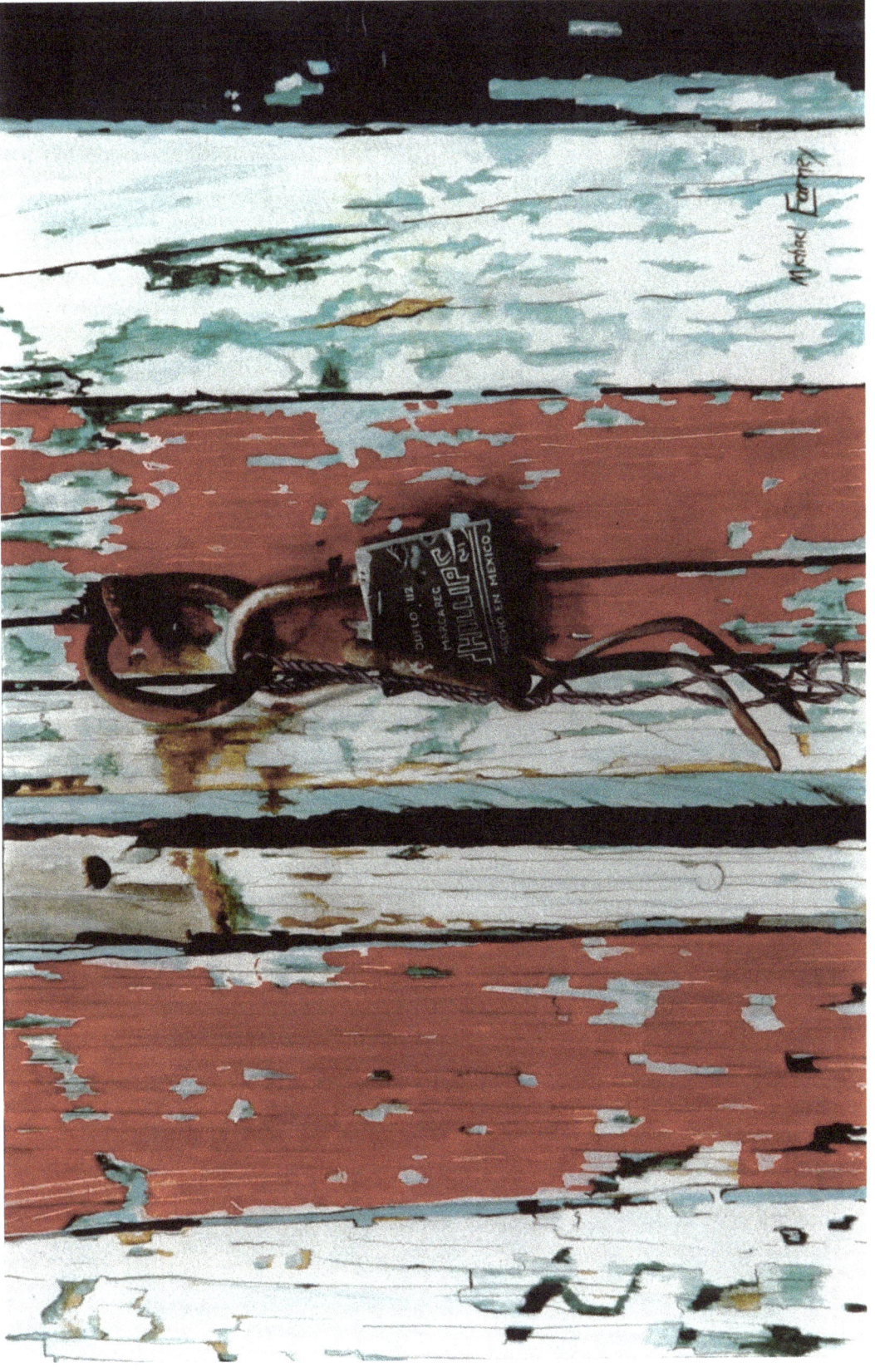

32. Diamond 16"x24"

The Diamond lock seems up for its task but, it looks like one sharp kick would shatter that door. Just as with the doorways, when I took the photos of locks, I had no idea if they would offer material for artwork. It was over a year after my stay at Na Bolom before I painted my first doorway, only when it was finished did I really get that there is something about doors all people respond to. The lock paintings fall more into the category of "abstractions of color, proportion, line, and texture."

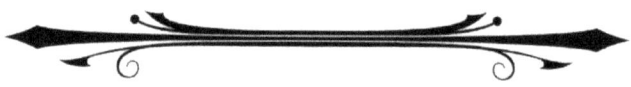

La cerradura Diamond parece ser de calidad, pero también parece que una patada fuerte destrozaría la puerta. Al igual que con las puertas, cuando tomé las fotos de las cerraduras, no tenía ni idea de si iban a ser un buen tema para obras de arte. Pasó más de un año desde mi estancia en Na Bolom antes de que pintara mi primera puerta, y sólo cuando la terminé me di cuenta de que hay algo en las puertas a lo que la gente responde. Los cuadros de cerraduras pertenecen más a la categoría de "abstracciones de color, proporción, línea y textura".

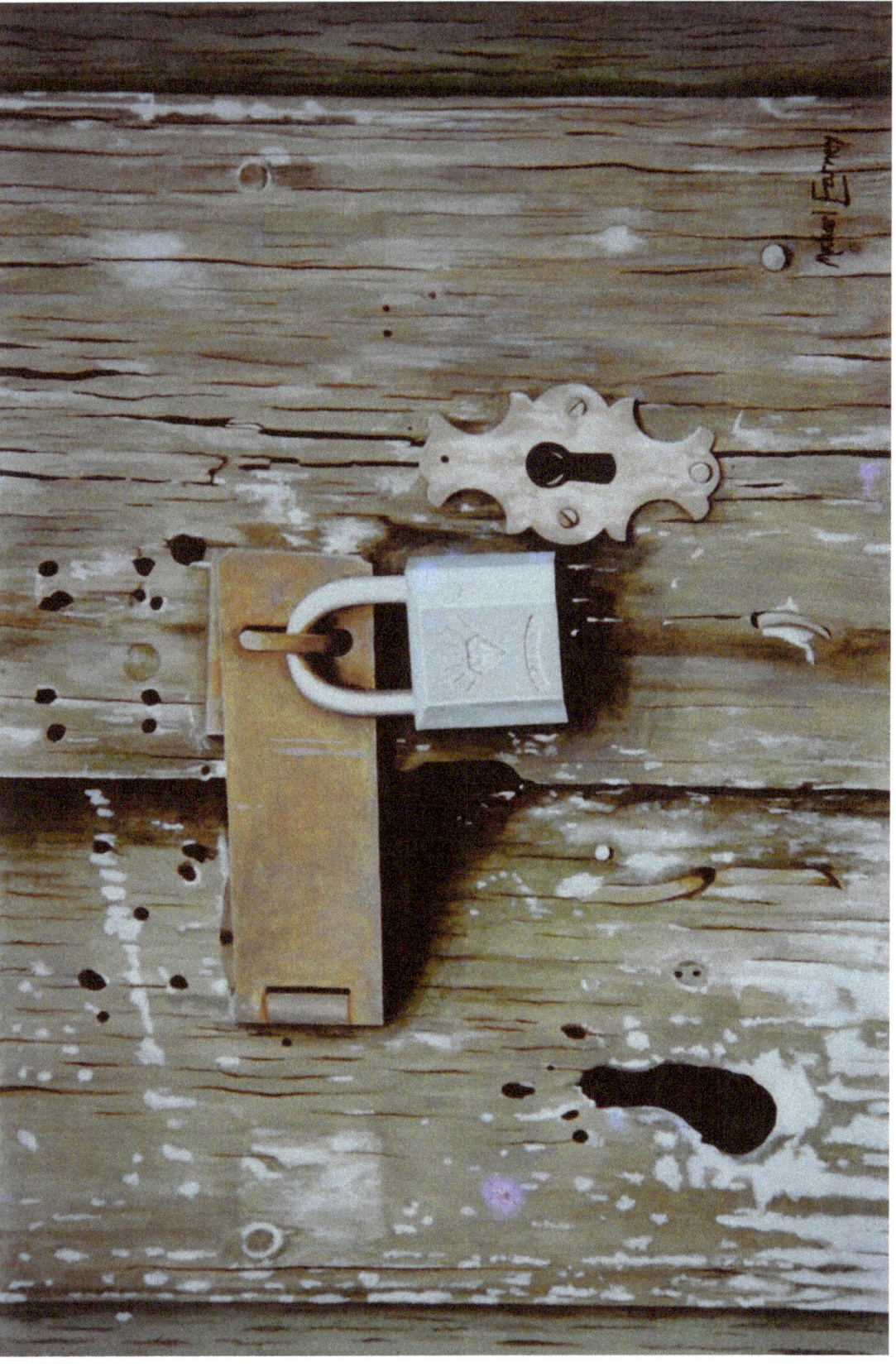

33. Alfredo, Alfredo (Tlacotalpan Ver.) 30"x48"

After Valladolid, continuing my journey back to Texas, when it was time to call it a day, rather than turning off the highway into Veracruz, I turned upriver to the town of Tlacotalpan which was once a port on the Papaloapan River. It's a charming place with colonial-style houses, I remember walking by houses with long windows to sitting rooms that looked like museum pieces. Down from the main area were rows of small, colorful cottages that reminded me of Caribbean Island homes. It was a quiet, pleasant place when I was there, it has since been named a UNESCO World Heritage site and a Historic Monuments Zone by the federal government so, it may be overrun with tourists now. I would have liked to spend more time there but only stayed the night. In an alley, just off the Plaza, was this old doorway that the person given the task of putting up posters around town, apparently decided, would be a good place for a few of them. I wasn't sure I had the patience to paint the lettering over and over but, I became very familiar with what Alfredo and his entertainers had to offer.

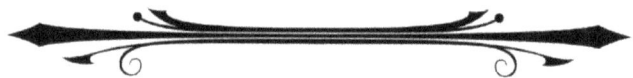

Después de Valladolid, continuando mi viaje de regreso a Texas, para cuando llegó el momento de dar por terminado el día, en lugar de desviarme por la autopista hacia Veracruz, me dirigí río arriba hacia el pueblo de Tlacotalpan, que alguna vez fue un puerto en el río Papaloapan. Es un lugar encantador con casas de estilo colonial. Recuerdo que pasé junto a casas con largas ventanas que daban a salones con artículos que parecían piezas de museo. Abajo de la zona principal había una serie de casitas de colores que me recordaban a las casas de las islas del Caribe. Era un lugar tranquilo y agradable cuando estuve allí, pero desde entonces ha sido declarado Patrimonio de la Humanidad por la UNESCO y Zona de Monumentos Históricos por el gobierno federal mexicano, así que puede que ahora esté lleno de turistas. Me habría gustado pasar más tiempo allí, pero sólo me quedé una noche. En un callejón, justo al lado de la Plaza, estaba esta vieja puerta que la persona encargada de pegar carteles por la ciudad, al parecer, decidió que sería un buen lugar para colocar algunos de ellos. No estaba seguro de tener paciencia para pintar las letras una y otra vez, pero terminé muy conocedor de lo que Alfredo y sus amigos ofrecían.

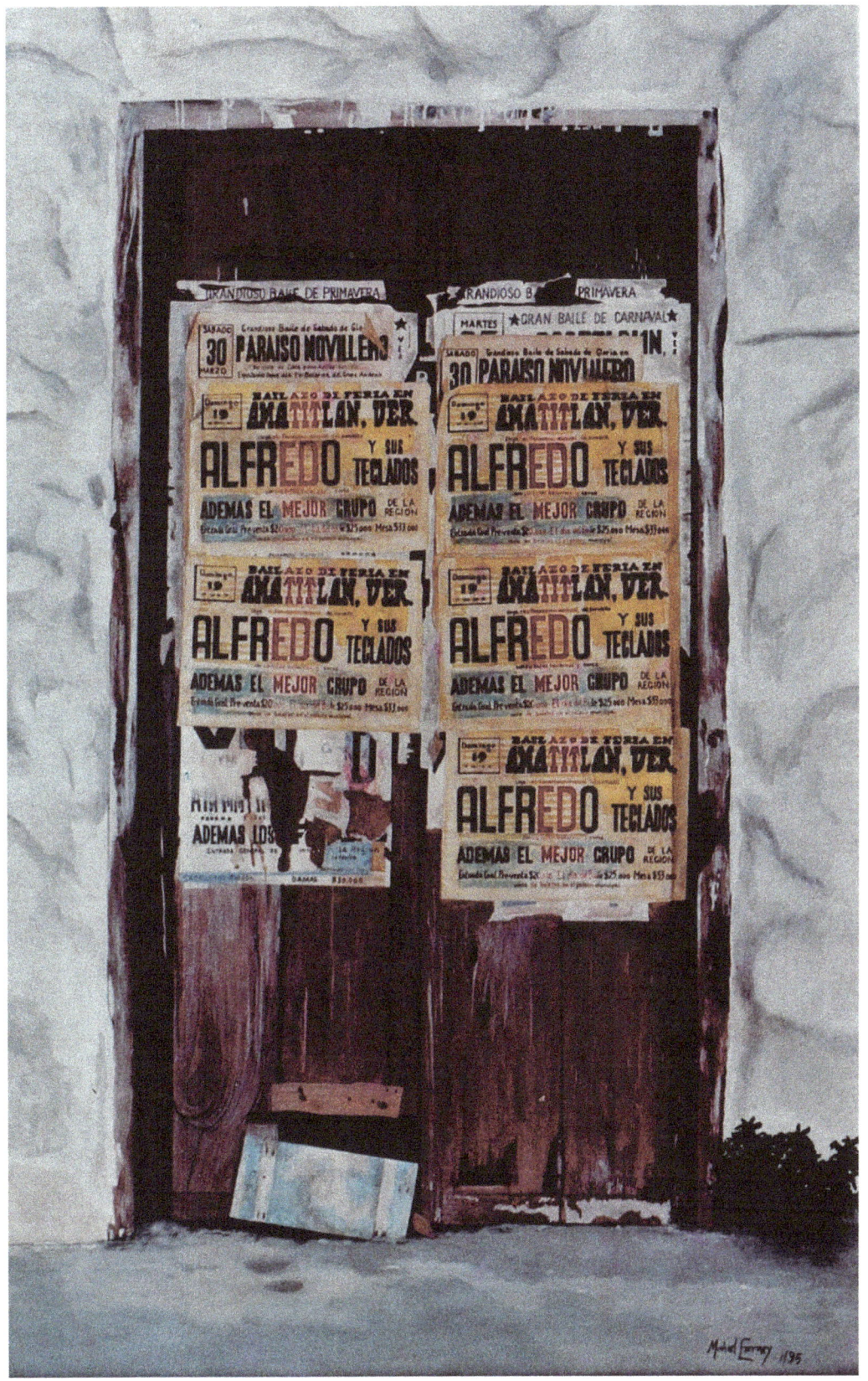

Bibliography

Leifer, Tore. Nielsen, Jasper. Reunert, Toke Selner. *Restless Blood, Frans Blom, Explorer and Maya Archaeologist.* Middle American Research Institute, Tulane, New Orleans, La. and Precolumbia Mesoweb Press, San Francisco, Cal. 2017

Coe, Michael D. and Koontz Rex. *Mexico, from the Olmecs to the Aztecs.* Thames & Hudson, NY 1984

America The Jesuit Review

Wikipedia

YouTube, Spanishdict.com, wordhippo.com

Oxford Research Encyclopedia

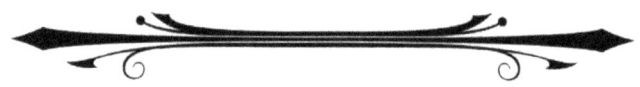

Reviews: If you enjoyed this book, Michael P. Earney would appreciate it if you would leave a review on Amazon, Goodreads, or any other Review site you like.

Also, don't forget to tell your friends! Word of mouth advertising is the most precious *"Thank You"* a reader can ever give an author.

About the Author: Michael P. Earney is a fine arts painter who grew up in England. His writer's voice reflects curiosity and passion for the world of nature. His text is instructive yet playful. The illustrations are executed with grace and fine detail. Earney is in his element as artist, writer, educator, and naturalist. To learn more about this author's books and various achievements please visit his website.

Contact Mr. Earney: themichaelearney@yahoo.com

Website: www.MichaelEarney.com

Publisher: www.ErinGoBraghPublishing.com/authors/mearney

www.ingramcontent.com/pod-product-compliance
Lightning Source LLC
Chambersburg PA
CBHW052136170526
45162CB00004B/38